PICCOLA BIBLIOTECA ADELPHI

33

REUBEN FINE

La psicologia del giocatore di scacchi

ADELPHI EDIZIONI

TITOLO ORIGINALE:
The Psychology of the Chess Player

Traduzione di F. Bovoli

WWW.ADELPHI.IT

ISBN 978-88-459-0185-0

Anno				Edizione						
2028	2027	2026	2025	14	15	16	17	18	19	20

INDICE

IL RAPPORTO CON IL GIOCO

DI

GIUSEPPE PONTIGGIA

Tra i pensieri che turbarono Jan Hus, poco prima che le sue ceneri, sottratte al rogo, venissero disperse nella corrente del Reno, ci fu quello di aver dedicato agli scacchi troppo tempo. È probabile però, data la tumultuosa pienezza della sua vita, che i suoi rimorsi riguardassero non la quantità, ma la qualità del tempo riservato al gioco. È questo infatti un pensiero ricorrente, in forme reticenti e sotterranee, negli scacchi. Né c'è bisogno di occasioni così drammatiche (ma anche così privilegiate) come l'attesa della morte, perché tale inquietudine si manifesti. Si direbbe anzi che gli scacchisti la provino in continuità, sia pure in misura differente da individuo a individuo, e che il loro equilibrio interiore ne sia condizionato.
Il problema è quello, fondamentale, della distanza, cioè del rapporto con qualcosa che coinvolge, in questo caso il gioco: mobile e inafferrabile, esso elude tutti i tentativi di chiuderlo in quella gabbia, in cui finisce con l'aggirarsi il giocatore. E le risposte degli interessati illuminano solo se le si capovolge. I dilettanti dei circoli, quelli che gli anglosassoni chiamano woodpushers, gli spingilegno, si rifugiano in sorrisi fragili di difesa (« È un divertimento » oppure « È un hobby »). Ma anche la voracità aggressiva di alcuni campioni, come Fischer, che ostentano una concentrazione esclusiva sugli scacchi e ne fanno un segno di superiorità sugli avversari, non è del

tutto attendibile: e questa mancata coincidenza con i dati dell'esperienza rivela quanto sia difficile osservare una giusta distanza *dal problema. Tra questi due poli si muovono, in una miriade di posizioni intermedie, gli altri giocatori, che cercano tutti di delimitare, con un rigore pari all'apprensione, lo spazio che gli scacchi occupano nella loro vita: gli esiti, molto diversi, sfiorano di rado il successo, mai però quando questo è annunciato trionfalmente (come avviene del resto nelle coppie, quando dichiarano che il loro rapporto è perfetto).*

Questa imprevista complicazione è tipica degli scacchi e non trova quindi riscontro, né possibilità di esplicazione, se non parziale, nelle teorie classiche del gioco come attività 'artistica', disinteressata e libera, da Kant a Schiller e Froebel. E se nell'Ottocento Herder e nel Novecento Huizinga si opposero in parte alla contaminazione del gioco con l'arte, rivendicando a quest'ultima la serietà, *essi trovarono inconsapevoli quanto imprevedibili alleati proprio nel campo degli scacchi: in campioni cioè che negavano la* serietà *del gioco, temendone forse l'invadenza tirannica e, per così dire, ideologica.*
Morphy, ad esempio, come ricorda Fine, aveva una vera fobia per il professionismo e la sua rivendicazione del dilettantismo, e anche dei limiti *del gioco, ha l'inflessibilità di una paranoia in penombra:*
« Gli scacchi non sono mai stati né possono essere che uno svago. Non si dovrebbe indulgere in esso a detrimento di altre e più serie occupazioni, né dovrebbe assorbire o accaparrarsi i pensieri dei suoi adoratori, al contrario, essere tenuto in se-

condo piano, confinato entro i limiti che gli sono propri. Come puro gioco, come distensione nei duri impegni della vita è degno del massimo elogio ».

E l'avversario che in Europa, con un atteggiamento vile e sprezzante, evitò sempre di incontrarlo, Howard Staunton, adduceva come pretesto atto a coprire la sua paura *del gioco (nel suo caso la paura di ciò che avrebbe significato per lui un insuccesso con Morphy) proprio il fatto che non aveva tempo di allenarsi al gioco, dovendosi dedicare ai suoi studi* seri *su Shakespeare.*

Un campione singolare, sotto questo aspetto, è il sovietico Boris Spassky, cui Fischer tolse, nel 1972, il titolo mondiale: dotato di una inconsueta civiltà, misurato e umano, ha sempre cercato di circoscrivere l'influenza degli scacchi sulla sua vita, così che al match di Reykjavik sembrò difendere, più che il titolo, il proprio distacco dal titolo (e non a caso fu accusato in patria di scarso spirito combattivo). Sua, del resto, è la confessione mirabile che, quando è battuto, deve fare un grande sforzo per riprendersi, perché ritiene che la sconfitta gli giovi. Spassky appartiene dunque per elezione a quelli che Fine definisce gli 'anti-eroi', i campioni che, anziché assecondare le fantasie di onnipotenza suscitate dagli scacchi, cercano con ogni mezzo di resistervi, sviluppando in senso più armonico se stessi: ma la sua ansia celata sotto l'impassibilità testimonia la difficoltà di un simile tentativo.

A chiedersi le ragioni di un fascino così catturante e rischioso si finisce col cadere negli elogia *tipici dei vecchi manuali, dove la scienza riusciva finalmente a convolare a mistiche quanto aber-*

ranti nozze con l'arte. Ma è certo che gli scacchi, pur conservando del gioco la sorpresa e l'imprevedibile, sono riusciti a eliderne, quasi completamente, gli aspetti casuali: la loro incidenza, in una competizione, è generalmente minima, anche se i campioni, quando perdono, l'hanno sempre resa smisurata (il clima cubano per Lasker, la salute per quasi tutti). Smisurato è invece, alle loro spalle, il retroterra della teoria. Nessun gioco può vantare altrettanti secoli di critica, con migliaia di testi e milioni di analisi, con varianti studiate nel '500 e magari riscoperte in una notte, nel corso di un torneo. Gli scacchi sono forse l'unico gioco in cui una tradizione secolare si configura nel senso indicato da Eliot per la letteratura: immenso patrimonio passato che riprende a vivere, riattualizzato ogni volta dai grandi giocatori, che vi attingono esempi, riflessioni, stimoli. Non stupisce perciò che all'immenso sviluppo, a piramide rovesciata, della critica letteraria negli ultimi tre secoli abbia corrisposto un dilatarsi altrettanto stupefacente dell'analisi scacchistica, tanto che anche qui si parla non solo di classico e romantico, di tradizione e avanguardia, ma anche di stile capitalistico e di Scuola Sovietica, di stile individualistico e di paura del deviazionismo. Né sorprendono le illusorie sensazioni di avere ormai esplorato tutto il territorio ed esaurito ogni combinazione e variante, con conseguente 'morte del romanzo' ovvero paralisi del gioco. Nonostante si sappia che le prime dieci mosse possono arrivare a una cifra di trentatré numeri, l'affermazione che 'tutto è già stato detto' (che si siano lus tous les livres) *è ricorrente e periodica, destinata invariabilmente ad essere smentita da giocatori geniali, di coraggio e fan-*

tasia, come Nimzovitch, Alechin, Tal o Fischer, che riscoprono la validità di varianti prematuramente superate o dilatano le dimensioni psicologiche del gioco, disorientando l'avversario con sacrifici eretici o riuscendo, nella tensione concentrata di una partita, a sfondare il muro delle abitudini mentali.

Lottare contro il gioco, oltre che con gli avversari, è un compito a volte troppo logorante per gli stessi campioni: e il libro di Fine ne offre una documentazione impressionante. La parte più avvincente del suo testo è infatti la descrizione drammatica dei loro conflitti. Convince meno quando l'aggressività, che gli scacchi esasperano e insieme incanalano, viene ricondotta a cause esplicative. Se è giusto il principio enunciato da Horkheimer, che la psicoanalisi è vera solo quando esagera, gli epigoni di Freud l'hanno applicato alla lettera, trasformando ipotesi di lavoro in dogmi e catalogando l'inconscio come un museo. E quanto alla loro pretesa neutralità, si analizzi l'atteggiamento dello stesso Fine verso Fischer, naturalmente il Fischer giocatore, per vedere come l'aggressività, anche al di fuori degli scacchi, trovi modi continuamente ingegnosi e imparziali per esprimersi. Ma questo in fondo è un segno rassicurante e giustifica che la loro scienza si chiami umana.

GIUSEPPE PONTIGGIA

LA PSICOLOGIA
DEL GIOCATORE DI SCACCHI

I

STUDI SULL'ARGOMENTO

Nella letteratura psicoanalitica, la trattazione classica sugli scacchi è quella di Ernest Jones intitolata *The Problem of Paul Morphy* (23), * letta alla British Psychoanalitical Society nel 1930 e pubblicata nel 1931.

Lo scopo di questo saggio così penetrante è di delineare una patografia di Paul Morphy, del quale parleremo più tardi. Per quanto riguarda invece la questione più generale della psicologia degli scacchi, Jones stabilisce i seguenti punti: gli scacchi sono, come è evidente, un gioco sostitutivo dell'arte della guerra; il movente inconscio che spinge all'azione i giocatori non è semplicemente il gusto per l'agonismo, che è caratteristica comune a tutti i giochi competitivi, ma quello più oscuro dell'uccisione del padre. Inoltre, l'aspetto matematico proprio di questo gioco dà ad esso una peculiare coloritura sado-anale. Il senso di predominanza provato da uno dei due giocatori trova il suo corrispondente in quello di impotenza totale provato dall'altro. È proprio questa qualità sado-anale che lo rende così idoneo a gratificare contemporaneamente sia gli aspetti omosessuali sia quelli antagonistici, propri della contesa tra padre e figlio.

Gli altri saggi in proposito, come quelli di Karpman (24), Coriat (8), Menninger (31), e Flem-

* I numeri fra parentesi, nel testo, rinviano alla bibliografia alla fine del volume [*N.d.T.*].

ing (17), non aggiungono molto di sostanziale alla tesi di Jones. Tutti concordano nel sostenere che negli scacchi si sublima una mescolanza di impulsi omosessuali e aggressivi.

Questo tipo di approccio è centrato sui conflitti della libido, ma pur chiarendo certi aspetti del gioco, ne trascura tuttavia molti altri. Dopotutto, il conflitto tra antagonismo e affetto nei confronti del padre è alla base di qualsiasi scontro fra due uomini. A causa della presenza generalizzata dei sottostanti conflitti della libido, la psicoanalisi moderna (specialmente negli ultimi trent'anni) ha sempre più concentrato la sua attenzione sull'io. Scopo di questo nostro saggio è di affrontare la questione di ciò che differenzia il giocatore di scacchi dagli altri uomini, sia dal punto di vista dell'io sia da quello dell'es.

La letteratura psicoanalitica ci offre su questo punto diversi studi interessanti, che riassumeremo in breve.

In occasione del torneo internazionale di scacchi svoltosi a Mosca nel 1925, tre professori di psicologia, Djakow, Petrowski e Rudik, sottoposero dodici partecipanti a una serie di tests psicologici, compreso quello di Rorschach. Non fu spiegato perché se ne scegliesse soltanto dodici, per altro non identificati; i risultati furono pubblicati, e di essi esiste anche una traduzione in tedesco (11). I tests erano varie prove psicometriche volte a stabilire misure in questi campi:

1) Memoria
   a) memoria e capacità di percezione (*Aufnahmevermögen*) della scacchiera
   b) capacità di ricordare la posizione dei singoli pezzi

c) memoria per i numeri
d) memoria per le figure geometriche

2) Attenzione
e) ampiezza dell'attenzione
f) capacità di concentrare la propria attenzione sulla scacchiera
g) distribuzione dell'attenzione (capacità di notare simultaneamente molte cose diverse)
h) dinamica dell'attenzione (capacità di fare attenzione a impressioni successive)

3) Funzioni combinatorie e intellettuali
i) sette Regine sulla scacchiera[1]
j) serie numeriche (sequenze logiche)
k) velocità dei processi intellettuali (stimoli astratti)
l) velocità dei processi intellettuali (stimoli concreti)

4, 5) Immaginazione e tipo psicologico (il test di Rorschach).

Nei tests psicometrici, i maestri di scacchi si dimostrarono di gran lunga superiori ai controlli (non ulteriormente descritti) in tutte le prove relative alla scacchiera e ai pezzi, come per esempio la capacità di ricordarne le posizioni. Ma in altri tests questa superiorità fu confermata soltanto in due prove: nella capacità di notare simultaneamente molte cose diverse (*Aufmerksamkeitsverteilung*), e nel pensiero astratto (serie numeriche). Non fu quindi provata l'idea che i giocatori di scacchi abbiano in generale un'intel-

1. Si richiede cioè di disporre sulla scacchiera sette Regine in modo tale che nessuna di esse possa essere catturata da un'altra.

ligenza maggiore, una memoria superiore e sappiano concentrarsi meglio degli altri. Secondo i criteri attuali in materia, i tests scelti erano tuttavia così rozzi e i metodi così inefficaci che non si può dare grande valore a queste conclusioni.
I tests di Rorschach dettero questi risultati principali: il numero delle risposte oscillava tra 5 e 88, risposte complete 3-30 (molto al disopra della media), oggetti inanimati 15-60%, risposte al colore 0-7 (6 soggetti senza colore), le risposte al movimento 1-4 (9 soggetti senza movimento).
Lo psicogramma del test di Rorschach non fu successivamente elaborato dagli psicologi russi. Nonostante l'assenza di altri dati, risulta chiaro che il profilo della personalità è quello di un individuo coatto – coartato, nella terminologia di Rorschach – (niente colore, niente movimento). Il commento di Rorschach su tale tipo ci aiuta a chiarire alcuni fra i risultati dei russi. Egli dice: « Il tipo coartato e, in misura significativa, anche i tipi coartativi[2] sono caratterizzati da un'accentuazione estrema di quelle tendenze che possono essere rafforzate dall'applicazione dell'attenzione cosciente. Il coartato e il coartativo sono, in primo luogo, persone logicamente disciplinate. Ciò però è ottenuto a spese di una estesa atrofia delle tendenze introverse ed estroverse: da un sacrificio delle loro capacità di esperienza ».
Il commento di Rorschach chiarisce quindi i due aspetti differenziali scaturiti da quelle prove: una notevole capacità di attenzione sia per molti eventi diversi e simultanei sia per il pensiero numerico astratto. Al tempo stesso, poiché ciò è

2. Nel caso di un tipo coartativo si ha al massimo una reazione a un unico colore o a un unico movimento.

ottenuto a spese di altre sfaccettature della personalità, non si può dire se il basso punteggio nelle altre misure sia dovuto a mancanza di capacità innate, a mancanza di motivazione oppure ad atrofia (disturbo emotivo).
Samuel Reshevsky, campione del mondo occidentale, quando era un ragazzo prodigio di nove anni (raggiunse il livello di maestro a cinque anni), si sottopose a una serie di tests psicometrici da parte della psicologa svizzera Franziska Baumgarten (2). La sua intelligenza verbale era inferiore alla media, e il suo sviluppo generale non raggiungeva nemmeno quello di un qualsiasi ragazzo berlinese di cinque anni. In un solo test, quello mnemonico coi numeri, egli raggiunse risultati eccezionali. La conclusione della psicologa è quindi analoga a quella degli psicologi russi. Anche qui, però, il metodo seguito era difettoso, e non teneva conto del fatto che il ragazzo era stato assorbito dagli scacchi per anni, a tal punto che non aveva frequentato regolarmente la scuola. Reshevsky finì poi l'università negli Stati Uniti, dimostrando comunque un'intelligenza superiore alla media.
In uno studio, P. Buttenwieser (5) cercò di valutare il grado di deterioramento dell'abilità scacchistica che un maestro subisce man mano che invecchia. La conclusione fu che non esiste perdita di tale abilità fino a cinquant'anni, mentre si ha una lieve flessione dopo la cinquantina: tutto sommato, più forte è il giocatore, minore è la perdita. Come si vedrà, nemmeno la psicosi altera sostanzialmente l'abilità scacchistica: sembrerebbe che una volta raggiunto un certo livello di abilità, vi si rimanga indefinitivamente.
Nel 1938 lo psicologo olandese A. de Groot (10),

che è anche un maestro di scacchi, analizzò i processi mentali di un certo numero di maestri e di alcuni dilettanti. La sua conclusione più utile fu forse la conferma che il giocatore di scacchi nell'analizzare una posizione segue un processo mentale molto simile a quello di un ricercatore che vuol trovare la soluzione di un problema scientifico. Il giocatore di scacchi è però in uno stato di tensione e di incertezza continue fin quando non trovi la mossa giusta, e in molti casi egli non può sapere con certezza quale sia questa mossa giusta.

Sarebbe abbastanza facile per gli psicologi moderni, con la loro padronanza delle tecniche psicometriche e dell'analisi fattoriale, sottoporre gli esperti di scacchi a una serie di tests, e misurare le capacità mentali che si accompagnano all'abilità scacchistica. In assenza di uno studio di questo tipo, i risultati menzionati sopra hanno soltanto un valore indicativo.

II

OSSERVAZIONI GENERALI SUGLI SCACCHI

Gli scacchi sono uno dei giochi più antichi della civiltà occidentale: di solito, gli storici lo fanno risalire al secolo VII o VIII dopo Cristo, e considerano l'India il suo luogo di origine (12). In Europa fu introdotto nel Duecento.

Soltanto negli ultimi cento anni, però, gli scacchi sono divenuti un gioco molto popolare dappertutto. Il primo torneo internazionale fu disputato a Londra nel 1851, e da allora gare internazionali di questo tipo si tengono regolarmente. Poiché le regole sono sostanzialmente le stesse in tutte le nazioni civili, esso è diventato un mezzo di comunicazione veramente universale.

La letteratura scacchistica, che consiste in raccolte di partite giocate dai maestri e in manuali che insegnano ai giocatori a migliorare il proprio gioco, è aumentata in proporzioni tali da superare, a quanto si dice, quella di tutti gli altri giochi messi insieme. Oggi, gli scacchi hanno raggiunto la massima popolarità nell'Unione Sovietica, dove virtualmente sono uno sport nazionale.

Su molti giocatori il gioco esercita un fascino peculiare; durante la partita dimenticano qualsiasi altra cosa: moglie, amici, famiglia, affari. Gli scacchi diventano un mondo a sé, le partite possono durare per ore, talvolta per giorni interi, e il mondo esterno non esiste più. In molti circoli scacchistici c'è almeno un uomo che per il gioco ha rinunciato a tutto — è diventato una persona che mangia, beve e dorme pensando solo agli scacchi. Talvolta è un professionista, e trae dal gioco una magra sussistenza; più spesso non lo è, ma resta sempre un uomo con una dedizione fanatica al gioco. La tentazione di abbandonare tutto per gli scacchi è così forte che molti giocatori riconoscono, realisticamente, il pericolo e ci rinunciano del tutto, tornandovi soltanto quando tutti gli altri interessi siano stati soddisfatti.

Uno sconosciuto ecclesiastico del Seicento ci ha lasciato una vivida descrizione del fascino esercitato da questo gioco. Lo definisce « Il male degli scacchi » (20):

1. Ti fa perdere molto tempo. Quante ore preziose — che non torneranno più — ho dedicato a questo gioco!
2. Per me è stato un male; ne sono stato stregato: da quando ho cominciato, non ho più avuto la forza di smettere.
3. Se sono riuscito a farla finita con lui, lui non l'ha fatta finita con me. Mi ha seguito nel mio studio, sul pulpito; mentre pregavo o predicavo, giocavo a scacchi col pensiero, più che se avessi avuto, per così dire, una scacchiera davanti agli occhi.
4. Mi ha fatto infrangere molte solenni risoluzioni, anzi voti e promesse. Talvolta mi sono impegnato, nella maniera più solenne, a giocare solo un certo numero di partite alla volta, o con una sola persona, e subito dopo ho di nuovo infranto questi impegni e queste promesse.

5. Ho ferito la mia coscienza e perduto la pace. Ho fatto tristi riflessioni in proposito, quando vi ho riflettuto seriamente. E ora scopro che, se dovessi morire in questo momento, il ricordo di questo gioco mi disturberebbe gravemente, e mi guarderebbe dritto negli occhi. Ho letto nella Vita del famoso Jan Hus quanto egli sia stato turbato, poco prima di morire, dalla sua abitudine a questo gioco.
6. La mia dedizione ad esso è stata occasione di molti peccati, passioni, conflitti e vane parole (se non addirittura menzogne), sia in me sia nel mio antagonista, o in entrambi. Mi ha fatto trascurare molte volte i miei doveri verso Dio e verso gli uomini...

In netto contrasto col fascino che il gioco esercita sui suoi adepti è l'atteggiamento di chi non se ne interessa. Da costoro viene spesso giudicato un gioco freddo, monotono, noioso, eccessivamente intellettuale, una specie di parole crociate ad alto livello, ed essi si mostrano del tutto incapaci di condividere la tempesta di emozioni che il gioco suscita in altri.
A scacchi giocano soprattutto gli uomini. Benché non esistano statistiche esatte su questo punto, il rapporto fra giocatori e giocatrici è probabilmente di circa cento a uno. Perfino in Russia, dov'è il passatempo nazionale, le donne si mostrano molto meno interessate degli uomini. Soltanto una donna, Vera Menchik, ha raggiunto un livello tale da poter competere con uomini nei tornei di maestri. Tutt'altra cosa succede nel bridge: qui le donne giocano frequentemente, e raggiungono la qualifica di maestri, maestri a vi-

ta e membri delle squadre da campionato del mondo.

Per giocare agli scacchi è necessario aver raggiunto un certo livello di sviluppo intellettuale. È difficile per un bambino che ha meno di otto anni avere un'abilità sufficiente da provare piacere giocando, e di solito si raggiunge questo livello soltanto verso i dieci anni.

È impressione comune che l'abilità negli scacchi richieda un alto grado di intelligenza. Benché gli studi degli psicologi russi o i tests cui fu sottoposto Reshevsky non confermino questa opinione dettata dal buonsenso, non sarebbe giusto contraddirla senza un'accurata indagine preliminare. L'indagine storica di de Groot (10) rivela che gli esperti di scacchi hanno spesso ottenuto notevoli successi anche in altri campi.

L'interesse per gli scacchi è frequentemente concentrato in certi periodi della vita dell'individuo. La prima ondata arriva di solito nel periodo prepuberale, verso i dieci-dodici anni. Poi, di nuovo, nella prima adolescenza è comune trovare ragazzi che si dedicano con passione al gioco. Per esempio, nelle classi medie superiori il club scacchistico è spesso il più grande o tra i più grandi, mentre all'università diventa molto meno importante. Infine, gli uomini ritornano agli scacchi dopo un lungo periodo di tempo quando hanno passato la mezza età.

Tutti gli osservatori concordano che, dal punto di vista del giocatore, gli scacchi appartengono alla categoria dei 'giochi appassionanti'. Uomini e ragazzi che vi si dedicano li considerano uno degli interessi principali della propria vita. Studiano, comprano libri, giocano notte e giorno, si tengono in contatto con altri giocatori

per posta e perfino per radio. A questo punto lo scopo principale è di migliorare il proprio gioco e di battere l'avversario, e tutti gli sforzi convergono in questa direzione. L'emozione che si trae dal superare il proprio antagonista è spesso altrettanto grande di quella ricavata da un buon voto a scuola o da una promozione sul lavoro. Finché i progressi continuano, la passione del giocatore rimane costante. Prima o poi però egli raggiunge un certo livello e lì si stabilizza, incapace, per una ragione o per l'altra, di progredire ulteriormente. A questo punto molte persone perdono interesse, diminuiscono il tempo consacrato al gioco oppure l'abbandonano del tutto. Solo un piccolo gruppo di persone vi rimane attaccato con continuità per una vita intera.
Nell'opinione comune, gli scacchi occupano un posto speciale fra i vari giochi. Viene chiamato 'il gioco reale', 'il gioco dei re', 'il re dei giochi'. È il solo gioco legalmente ammesso all'interno del Parlamento in Gran Bretagna. Qualche spiritoso ha detto che gli scacchi sono troppo difficili per essere un gioco e troppo facili per essere una scienza. Il piacere che se ne trae è, in realtà, maggiore di quello che si ottiene da altri passatempi, e si potrebbe senz'altro dire che gli scacchi sono molto più vicini degli altri giochi all'arte e alla scienza.
Gli scacchi sono una gara tra due uomini che implica un considerevole coinvolgimento dell'io da parte di entrambi. In qualche modo ha certamente a che fare con i conflitti riguardanti l'aggressività, l'omosessualità, la masturbazione, il narcisismo — conflitti che assumono particolare importanza nella fase fallico-anale dello sviluppo. Dal punto di vista della psicologia dell'es, si pos-

sono quindi confermare, anzi estendere, le osservazioni di Jones. Geneticamente, chi insegna a giocare al ragazzo è molto spesso il padre o un sostituto del padre, e il gioco diventa perciò un mezzo per sfogare la rivalità tra padre e figlio.
Il simbolismo degli scacchi si presta di per sé a questa rivalità, e in un modo del tutto insolito. Essenziale, nel gioco, è la figura del Re.[3] Il Re ha una parte cruciale sotto tutti gli aspetti. È il pezzo che dà al gioco il suo nome, perché 'scacco' deriva dal persiano *shah*, che significa Re, ed è restato più o meno lo stesso in tutte le lingue. In realtà, le tre parole universali sono appunto 'scacchi', 'scacco' e 'Re', ognuna delle quali deriva da *shah*. Tutti gli altri pezzi sono designati con nomi diversi secondo le varie lingue: in russo, per esempio, la Regina è chiamata *Fyerz*, che non ha niente a che vedere con la donna; l'Alfiere è chiamato, in francese, *Fou* ossia buffone, in inglese *Bishop* ossia vescovo, in tedesco *Läufer* ossia corridore.
A parte il Re, il gioco degli scacchi è una semplice costruzione logica sulla scacchiera. C'è un pezzo che si muove sulle diagonali (l'Alfiere), uno che si muove sulle orizzontali e sulle verticali (la Torre), uno che si muove solo in avanti (il Pedone), e quando non può più andare avanti si cambia in un altro pezzo che gli conferisce una maggiore manovrabilità (promozione), c'è un pezzo che si muove in qualsiasi direzione per un numero qualsiasi di case (la Regina), uno che si muove in qualsiasi direzione per una sola casa alla volta (il Re), e infine uno che combina il

3. Nella letteratura scacchistica è tradizionale scrivere con la maiuscola i nomi dei pezzi; mi uniformerò quindi a quest'uso.

movimento verticale con quello in diagonale e può scavalcare altri pezzi (il Cavallo). Sarebbe sempre possibile inventare nuovi pezzi, oppure dividere i loro poteri, e questo è stato fatto di tanto in tanto; per esempio, si è ipotizzato un pezzo che combinasse le mosse del Cavallo con quelle della Regina. Oppure si potrebbero anche avere due tipi di Torre, simili ai due tipi di Alfieri, uno che si muove solo sulle orizzontali e uno che si muove solo sulle verticali. Tutte queste modifiche sarebbero altrettante estensioni dirette delle regole che noi ora abbiamo; esse non altererebbero la natura del gioco.

Gli altri giochi sulla scacchiera consistono essenzialmente nel collocare i pezzi in modo tale che uno possa catturare tutti quelli dell'avversario, come nella dama, oppure nel disporre i propri pezzi in una posizione predeterminata, come nella dama cinese. Una volta ottenuto questo scopo la partita è vinta. È su questo punto che il gioco degli scacchi si differenzia sostanzialmente: lo scopo del gioco è quello di dare scacco matto al Re. Per conseguire questo scopo è stato elaborato un insieme di regole del tutto peculiari, che stabiliscono il modo in cui questo scacco matto può o non può esser dato, e sono proprio queste regole che danno agli scacchi il loro carattere distintivo. Naturalmente, anche qui è fondamentale la cattura dei pezzi dell'avversario, ma a differenza degli altri giochi un giocatore può catturare quasi tutti i pezzi dell'avversario e tuttavia perdere.

Il Re è quindi indispensabile e ha un'importanza determinante. È anche insostituibile. In teoria è possibile avere nove Regine, o dieci Torri, dieci Cavalli o dieci Alfieri, come risultato di altrettante 'promozioni' dei Pedoni, ma non si può mai avere più di un Re.

Tutte queste qualità, l'essere indispensabile, l'avere un'importanza determinante, e l'essere insostituibile fanno pensare alle caratteristiche dei sovrani assoluti d'Oriente. Ma su questo punto si ha una differenza di importanza capitale: il Re, come pezzo, è debole. I suoi poteri sono molto limitati. Per tutti gli altri pezzi si possono stabilire delle equivalenze approssimative; per esempio, tre Pedoni equivalgono a un pezzo immediatamente superiore, due di questo equivalgono a una Torre più un Pedone, eccetera. Per sua natura, il Re non ha equivalenti: approssimativamente, è un po' più forte del Pedone, ma meno forte di uno qualsiasi dei pezzi più importanti.[4] Ne consegue che il Re deve nascondersi (arroccamento) per quasi tutta la partita. Può fare qualche sortita solo quando sono già stati effettuati molti cambi, e in particolare quando le Regine abbiano lasciato il campo. E benché il Re abbia un'importanza determinante per l'esito della partita, gli altri pezzi devono proteggerlo, mentre lui non può proteggere loro.

Per quanto mi è stato possibile accertare (26) nessun altro gioco sulla scacchiera ha un pezzo che ne influenza così radicalmente il carattere. Nella dama, per esempio, la dama è semplicemente una pedina più potente, e può essere catturata come gli altri pezzi. È dunque il Re che rende unico il gioco degli scacchi.

Di conseguenza, esso diventa la figura centrale

4. A rigore, il Re non lo si dovrebbe considerare affatto un 'pezzo'. In senso tecnico, si dovrà parlare dei Pedoni, dei pezzi (più o meno importanti) e del Re.

del simbolismo del gioco. Per ricapitolare brevemente: il Re è indispensabile, importantissimo, insostituibile, eppure debole e bisognoso di protezione. Queste qualità portano alla determinazione del suo significato simbolico. Innanzitutto, simboleggia il pene del ragazzo nello stadio fallico, e quindi risuscita l'angoscia da castrazione tipica di quel periodo. In secondo luogo, descrive certe caratteristiche essenziali dell'immagine di sé, e attira quindi quegli uomini che si figurano di essere indispensabili, importantissimi e insostituibili. In questo modo offre al giocatore una opportunità di sfogare i conflitti che gravitano intorno al narcisismo. In terzo luogo, è il padre ridotto alle dimensioni del figlio. Inconsciamente esso dà a questi la possibilità di dire al padre: al mondo esterno tu puoi anche apparire grande e forte ma, quando arriviamo al dunque, sei altrettanto debole di me e hai bisogno di protezione quanto me.

Tutti i giochi implicano, intrinsecamente, un processo livellatore: sulla pista, sul campo da gioco, davanti alla scacchiera, tutti gli uomini sono eguali. Negli scacchi, tuttavia, c'è un fattore che negli altri giochi manca e che lo differenzia da essi: c'è infatti un pezzo che, per suo valore intrinseco, è diverso da tutti gli altri e intorno al quale ruota tutta la partita. L'esistenza del Re apre la strada a un processo di identificazione che va molto oltre quello raggiungibile in altri giochi.[5] In pratica, gli scacchi offrono l'occasione a

5. Theodor Reik ha osservato che le regole riguardanti il Re degli scacchi sono sorprendentemente simili ai molti tabù riguardanti i capotribù. Vedi il capitolo secondo, paragrafo 3, sezione *b*: « I tabù dei sovrani », di *Totem e tabù* di Freud.

una forte affermazione della propria individualità.
È bene notare che anche la Torre, l'Alfiere, il Cavallo e il Pedone simboleggiano di frequente il pene, oltre ad avere altri significati secondo le varie lingue.
I Pedoni simboleggiano i bambini, i ragazzini, in particolare. Possono crescere (essere promossi) quando raggiungono l'ottava fila, ma è significativo anche che non potranno mai diventare il Re. Simbolicamente, questa restrizione imposta alla promozione dei Pedoni significa che è messo in forte rilievo l'aspetto distruttivo della rivalità col padre, mentre viene scoraggiato il lato costruttivo, che permetterebbe al ragazzo di diventare come il padre. Si dovrebbe quindi presupporre, nel giocatore di scacchi, da un lato un atteggiamento molto critico verso l'autorità, e, dall'altro, una incapacità ovvero una riluttanza a seguire la stessa direzione del padre. [6] Il contrasto tra il possente Re e l'umile Pedone arriva di nuovo a simboleggiare l'ambivalenza intrinseca che, nei confronti della propria immagine, ha il giocatore di scacchi, un'ambivalenza che è evidente anche nella figura stessa del Re.
La Regina simboleggia, come è facile aspettarci, la donna, la figura materna. Soltanto con l'introduzione degli scacchi in Europa, nel Duecento, la Regina diventò quella potente figura che è oggi. Evidentemente, ciò è un riflesso diretto dell'atteggiamento diverso che nei confronti della donna si ha in Oriente e in Occidente. Jones

6. Ho avuto modo di osservare che pochissimi esperti di scacchi hanno figli che sono anch'essi forti giocatori; inconsciamente il padre impedisce che l'identificazione abbia luogo.

commenta, a questo proposito, che gli psicoanalisti non saranno certo sorpresi nell'apprendere che nell'attacco al Re (il padre) l'appoggio più potente è dato proprio dalla Regina.
La scacchiera, intesa come un tutto, può facilmente simboleggiare la situazione familiare. Questo spiegherebbe il fascino del gioco. Perso nei suoi pensieri, il giocatore può portare a termine nella fantasia quello che non è mai stato capace di fare nella realtà.
Se ci rivolgiamo ora all'io del giocatore, noteremo, per cominciare, che egli si serve in primo luogo di difese intellettuali. Negli scacchi, il pensiero sostituisce l'azione. Contrariamente ad altri sport, come per esempio la boxe, qui non esiste alcun contatto fisico. Non c'è nemmeno quella forma mediata di contatto che esiste nel tennis o nella palla a volo, in cui i due uomini colpiscono il medesimo oggetto. Al giocatore di scacchi è permesso di toccare i pezzi dell'avversario soltanto quando 'mangia', quando cioè, secondo le regole, il pezzo deve essere tolto dalla scacchiera.
A mano a mano che i giocatori diventano più esperti, il tabù che impedisce il contatto diretto diventa ancora più forte. Nelle partite fra maestri viene osservata la regola del 'tocca e muove', cioè, se un giocatore tocca un pezzo, deve muoverlo. Se per caso ne tocca uno involontariamente deve dire: « J'adoube », che significa 'Acconcio'; quelli che giocano secondo le regole, devono dirlo in francese.
Nella forma assunta dal gioco nelle 'partite per corrispondenza', la distanza fisica fra i due uomini è portata alle estreme conseguenze, nel senso che gli avversari non si vedono mai. L'intera

partita è giocata per posta; in questo caso è permesso toccare i pezzi, naturalmente, ma i giocatori non si incontrano mai.

Considerando l'esteso simbolismo fallico del gioco, il tabù che proibisce di toccare ha inconsciamente due significati ovvero, detto in un altro modo, l'io allontana due minacce. Una è la masturbazione (non toccarti il pene; non toccare i tuoi pezzi, e se lo fai, abbi pronta la scusa). L'altra minaccia è l'omosessualità, ovvero il contatto fisico fra i due uomini, in particolare la masturbazione reciproca.

In aggiunta a questo carattere puramente difensivo, l'intellettualizzazione ha negli scacchi molti altri significati. Per l'osservatore, l'aspetto che più lo colpisce nel giocatore di scacchi è l'indifferenza di questi verso il mondo esterno. Una serie di vignette in un circolo scacchistico raffigura due giocatori che cominciano una partita da ragazzi e la finiscono da vecchi.

Gli stessi giocatori sono perfettamente consapevoli della tendenza a perdersi nei propri pensieri. È un pericolo talmente grave che nei tornei si è giudicato necessario limitare il tempo delle mosse. A partire dal 1880 circa, tutti i tornei sono stati giocati con gli orologi. Un incidente comico accadde durante una partita fra Paulsen e Morphy, giocata prima che fossero stati introdotti gli orologi: essi restarono seduti alla scacchiera per undici ore senza dire una parola o fare una mossa. Alla fine, Morphy, che era di una pazienza addirittura eroica, lanciò un'occhiata ironica all'avversario. Paulsen, senza scomporsi, disse: « Ah, tocca a me? ».

Se può accadere che un giocatore stia a pensare per ore di seguito, può anche succedere che, se deve farlo, muova con la rapidità della folgore. Tornei 'lampo', che si disputano spesso, sono giocati con un tempo limite di dieci secondi per mossa. Certi maestri talvolta giocano di queste partite 'blitz', con l'obbligo di muovere in meno di un secondo. Con questi limiti di tempo è possibile giocare dozzine, e talvolta centinaia di partite, in una sola serata: il gioco più lento del mondo può anche diventare il più veloce.

Contrasti così marcati sono caratteristici dell'intero processo mentale che presiede agli scacchi. Nei tornei il limite di tempo consueto è di quaranta mosse in due ore e mezzo. Questo significa che il giocatore può pianificare il proprio tempo come vuole, purché esaurisca le sue quaranta mosse nelle due ore e mezzo prescritte. Accade spesso che impieghi due ore e ventotto minuti per, diciamo, venticinque mosse. È quindi costretto a compiere le restanti quindici mosse in due minuti. È questa la 'pressione del tempo'. Sotto una tale pressione estrema, il giocatore che prima era stato incapace di prendere una decisione farà spesso le mosse necessarie in un tempo minimo, e con notevole precisione. C'è da chiedersi a che cosa stesse pensando, prima. Se è possibile trovare una mossa buona in dieci secondi, perché metterci mezz'ora?

La risposta a questa domanda sta nell'incertezza continua che affligge il giocatore. Le posizioni raggiunte nel corso di una partita sono il più delle volte assai complesse. Se in molti casi è facile trovare la mossa giusta, nella maggioranza dei casi non lo è. Possono essere necessarie ore di attenta analisi, talvolta anche giorni, per esaurire tutte le possibilità e decidere la mossa migliore. Nel gioco sulla scacchiera poche persone possono essere sicure di aver trovato la soluzione giusta; la maggior parte si affida al 'giudizio posizionale' o all''intuizione'. L'idea che se ne fanno i profani, cioè che il maestro di scacchi è in grado di prevedere venticinque mosse, è piuttosto un mito, anche se, come è ovvio, un esperto è in grado di calcolare le mosse future con una precisione molto maggiore di un novizio.

In questa situazione il giocatore va avanti costantemente insicuro di sé. Se è costretto a farlo, può anche decidere di tagliare il nodo gordiano e tentare qualcosa; se non vi è costretto, preferirà controllare e vagliare le proprie idee finché non sarà arrivato il più vicino possibile alla risposta giusta.

De Groot paragona questo procedimento a quello della ricerca scientifica, nella quale si sottopongono al vaglio del metodo sperimentale le varie ipotesi. C'è però una differenza fondamentale: il giocatore di scacchi può mettere alla prova le proprie ipotesi solo mentalmente, una volta arrivato alla decisione deve mettere tutto sul piatto della bilancia. Si trova dunque in uno stato di tensione molto maggiore del ricercatore, per esempio, di chimica, che può dapprima seguire una sua idea e poi, se questa non dà il risultato sperato, sperimentarne un'altra.

Quando non è il suo turno di muovere, il giocatore ha spesso a disposizione molto tempo — cinque, dieci minuti, talvolta mezz'ora o perfino un'ora. Ci si potrebbe aspettare che egli approfitti di questo periodo per studiare la posizione: ebbene, ciò accade raramente. Per la maggior parte del tempo, sogna a occhi aperti, e questo sognare a occhi aperti, di solito, non ha niente a che fare con gli scacchi. Al tempo stesso la ten-

sione persiste, perché non sa mai quando sarà chiamato a fare la nuova mossa.
Esiste dunque un netto contrasto: incertezza febbrile e intensa concentrazione quando gli tocca muovere — oziose divagazioni quando la mossa tocca all'avversario. Tutto questo in uno stato di tensione permanente. Non c'è quindi da meravigliarsi che molti giocatori si lamentino che il gioco degli scacchi li rende 'nervosi', e molti smettono di giocare perché giudicano insopportabile questa tensione, o che lo sforzo non valga la pena.
Un paradosso analogo lo troviamo in ciò che concerne il contatto verbale fra i giocatori. In genere, giocando non si parla, ma talvolta si ha una curiosa eccezione in coloro che, in partite estemporanee, arrivano all'estremo opposto, e non smettono mai di parlare: c'è chi recita versi di Lewis Carroll, chi dice delle tiritere che non hanno senso, nemmeno per loro stessi. Uno per esempio diceva, quando dava scacco: « Shminkus krakus tyfus mit plafkes schrum schrum ». Un altro: « Andiamo a Vera Cruz con quattro acca ». Mai però che usino il linguaggio normale di tutti i giorni. Sarebbe come dire: qualsiasi tipo di attività fisica permessa deve essere mantenuta a un livello infantile. E la dissociazione tra la parola e il suo significato originario è caratteristica notoria del pensiero ossessivo.
Queste polarità ci aiutano a chiarire il processo mentale dei giocatori. L'io si serve dei mezzi intellettuali e delle fantasticherie per tenere sotto controllo i conflitti. Ma non permette a questo processo di spingersi troppo oltre. A causa della natura del gioco il giocatore è sempre riportato alla realtà. Il pensiero sostituisce l'azione, ma

l'azione, per parte sua, interrompe il libero flusso del pensiero. Sotto questo aspetto il giocatore di scacchi differisce dal sognatore a occhi aperti, o schizoide, il quale non si trova sotto nessuna costrizione esteriore che gli faccia abbandonare le sue fantasticherie.

Il processo mentale stesso oscilla tra una fase in cui si esige una prestazione intellettuale di altissimo livello, paragonabile per certi versi a quella necessaria nella ricerca scientifica, e una fase in cui esso è semplicemente espressione di un'ambivalenza ossessiva. Il passaggio dall'azione al pensiero può allora essere o uno sbocco per le capacità intellettuali di un individuo, o una manovra difensiva per tenere a bada le varie ansie suscitate dall'azione, o, infine, una combinazione di questi due elementi.

Gli scacchi mettono in rilievo certi aspetti dell'intelligenza a preferenza di altri. Quali sono? Lo studio compiuto dagli psicologi russi nel 1925 e da noi citato all'inizio cercava di dare una risposta a questa domanda, ma il metodo seguito era troppo rozzo per i nostri criteri attuali. Da parte nostra, ci limiteremo a esprimere in proposito alcune idee.

Negli scacchi quattro aspetti sembrano predominanti: la memoria, la visualizzazione, l'organizzazione e l'immaginazione. [7]

Per giocare bene è necessario ricordare centinaia,

7. Davis, in un'analisi fattoriale del test Wechsler Bellevue (9) del 1952, identificò molto chiaramente sette fattori. Di essi, tre corrispondono molto da vicino a questi: visualizzazione, ragionamento generale, deduzione dei rapporti concettuali. L'ipotesi qui avanzata è che gli aspetti dell'intelligenza sono funzioni (in senso hartmanniano) fondamentalmente autonome dell'io (21, 22).

probabilmente migliaia, di posizioni precedenti. La memoria di un esperto di scacchi diventa così altamente specializzata e così sagace che spesso egli compie imprese che al profano sembrano incredibili. Un maestro può giocare su cinquanta o sessanta scacchiere simultaneamente; va da una scacchiera all'altra e fa una mossa su ciascuna di esse. Se la posizione dei pezzi su una qualsiasi scacchiera viene modificata anche di pochissimo, come per esempio facendo avanzare di una casa un Pedone, egli si accorgerà immediatamente del cambiamento. Senza esserne conscio, si porta con sé ricordi molto precisi di tutte le sessanta scacchiere.

La visualizzazione è essenziale perché al giocatore non è permesso di muovere i pezzi se non per la mossa effettiva. È interessante notare che Hadamard (19) nei suoi studi sulla creatività matematica ha scoperto che la visualizzazione ha in questa una parte di secondo piano; il matematico tende a pensare più astrattamente; e questo può essere uno dei fattori determinanti nella scelta fra la matematica e gli scacchi.

La continua visualizzazione sviluppa nel maestro la capacità di giocare senza vedere la scacchiera o i pezzi ('alla cieca'). Qualsiasi maestro è in grado di giocare senza molta difficoltà una partita 'alla cieca', e molti possono fare assai di più. Il record mondiale, che oggi appartiene a Najdorf, è di quarantacinque partite simultanee. Per mantenere il controllo di un tale numero di scacchiere il singolo giocatore deve essere in grado di tenere a mente il quadro globale di quarantacinque scacchiere in continuo cambiamento, e deve essere anche in grado di visualizzare accuratamente, e a volontà, ogni singola immagine. Come nel caso di un calcolatore lampo (4) questa capacità è, per lo più, confinata al gioco degli scacchi alla cieca; ma questo non esclude la possibilità che, se quell'individuo si fosse fatto prima un'eguale preparazione in qualche altro campo, questa capacità per la memoria visiva non potesse essersi analogamente sviluppata. La memoria infatti ha anche qui una parte importante: di regola, dopo un'esibizione di gioco alla cieca il singolo giocatore è capace di ripetere parola per parola tutte le mosse di ogni partita giocata, correttamente e nell'ordine giusto.

Essenziale è anche l'organizzazione che, del resto, appartiene alla facoltà raziocinante in generale. Il giocatore di scacchi deve essere in grado di coordinare e unificare le azioni dei pezzi in modo tale che esse acquistino il massimo di efficacia. In questo senso la strategia degli scacchi è simile alla strategia militare, e per tradizione le accademie militari, come West Point, hanno accolto gli scacchi tra le materie obbligatorie.

L'immaginazione di cui ci si serve negli scacchi è certamente connessa con la visualizzazione, ma fino a un certo punto ne è anche indipendente. Gli scacchi sono, in se stessi, una creazione dell'ingegno: come la musica, l'arte e la letteratura possono anch'essi diventare un mondo a sé, lontano da preoccupazioni pratiche e senza alcun rapporto con la vita di ogni giorno. È proprio questo aspetto, di dare cioè all'immaginazione un particolare mezzo di esprimersi, che collega gli scacchi al mondo dell'arte. Un altro legame è costituito dall'occasione che essi offrono di un processo di identificazione immediato (con il Re o con altri pezzi).

Per applicare queste capacità intellettuali e per

essere in grado di canalizzare in questa direzione le energie della libido, l'io deve possedere una forza considerevole. Diversamente dall'onnipotenza del giocatore d'azzardo o di carte, le difese del giocatore di scacchi derivano da uno stadio dello sviluppo della personalità relativamente tardo. Così, mentre a prima vista la sostituzione del pensiero all'azione potrebbe apparire un tipico caso del ben noto meccanismo ossessivo, in realtà questa conclusione sarebbe una grossolana semplificazione (8). Diversamente dal vero ossessivo infatti il giocatore di scacchi interrompe con l'azione le sue fantasticherie, esce dal proprio mondo fantastico, e si serve di capacità reali che per esternarsi richiedono un alto grado di sviluppo dell'io.

Il giocatore medio è ben consapevole che ciò che soprattutto lo attira in questo gioco è il piacere intellettuale che se ne trae: se gli chiedete perché gioca, vi risponderà che lo fa perché è un gioco di abilità, durante il quale la sua intelligenza è a confronto diretto con quella dell'avversario. L'aspetto aggressivo viene invece profondamente represso. La maggior parte delle persone si stupisce se si dice loro che giocando a scacchi si dà sfogo a sentimenti ostili. Del resto, la natura stessa del gioco si presta bene a nascondere questo aspetto. Tanto per cominciare, non vengono scambiati colpi, né reali né simulati: l'obiettivo di catturare i pezzi dell'avversario si muta, come abbiamo accennato, in quello più sottile di dare scacco matto. Tutti i pezzi possono essere catturatí tranne il Re: al Re si deve dare scacco matto; questo significa che il Re deve venire a trovarsi sotto attacco diretto, senza che ci sia per lui alcuna possibilità legittima di sottrarvisi. Non è sufficiente che non abbia più alcuna mossa legittima a disposizione: ciò significherebbe solo trovarsi in una situazione di stallo, e la partita sarebbe patta. Deve essere anche sotto attacco diretto (e questo per qualsiasi altro pezzo sarebbe l'ultimo passo prima della cattura), eppure non può essere catturato.

Uno stato di cose così complicato, che come abbiamo detto distingue gli scacchi da tutti gli altri giochi, non può non essere contrassegnato da elementi inconsci. Se prendiamo in considerazione i tre significati simbolici del Re, lo scacco matto significherà innanzitutto la castrazione, in secondo luogo lo smascheramento di una debolezza intrinseca e nascosta, e in terzo luogo la distruzione del padre. Ma tutti e tre questi elementi devono esser tenuti lontani dalla coscienza; quindi il giocatore di scacchi non può conoscere i propri desideri aggressivi.

Del resto, il colpo già in se stesso smorzato dello scacco matto recede ulteriormente sullo sfondo, man mano che i giocatori diventano più esperti. Viene presto raggiunto uno stadio di abilità tale che i giocatori si arrendono o abbandonano la partita molto prima che si delinei la più remota possibilità di uno scacco matto; i perdenti si inchinano davanti a una superiorità schiacciante. Fra maestri una partita potrà finire in scacco matto solo per una distrazione madornale, e in realtà ciò non accade più di una volta su mille.

Se non ha molta esperienza, il giocatore medio pensa che il piacere più grande si provi quando si attacca direttamente il Re, ma via via che diventa più esperto comincia ad apprezzare le sfumature più sottili, come il gioco posizionale, la manovra dei Pedoni, la strategia aperta, eccetera.

Ancora una volta, l'aggressività diretta recede a poco a poco.[8]
Mentre da un lato l'io del giocatore reprime e intellettualizza la propria aggressività, dall'altro questa trova nel gioco stesso una certa dose di gratificazione. Non ci si aspetterà quindi che il giocatore di scacchi sia un tipo psicologico passivo-dipendente. Anzi, saprà trovare numerosi sbocchi alla propria aggressività, e tali sbocchi saranno anch'essi secondo linee di comportamento socialmente accettabili. Se ne può dedurre che gli esperti di scacchi potranno aver successo anche in altri campi, come infatti succede.
A questo proposito è molto pertinente un'osservazione fatta dal dottor Milton Gurvitz (18) il quale, in base alla sua esperienza di psicologo di una prigione, afferma che i detenuti che impararono a giocare a scacchi nel periodo della loro detenzione erano quelli che avevano minori probabilità di recidiva, essendo in grado di elaborare mezzi migliori per tenere sotto controllo la propria aggressività.
In presenza di una situazione in cui due uomini si mettono assieme volontariamente per ore intere senza donne, è doveroso prendere in considerazione la possibilità di eventuali sottotoni omosessuali, anche se l'esperienza ci dice che l'omosessualità manifesta è quasi sconosciuta fra i giocatori di scacchi: fra i maestri di questo secolo ho sentito parlare solo di un caso. Questo

8. Molti studiosi non riescono a vincere la tentazione di accentuare ingenuamente il momento dell'attacco diretto, e purtroppo riempiono la letteratura scacchistica di osservazioni francamente ridicole. Una delle ragioni di ciò è certamente il desiderio inconscio che il maestro di scacchi dia sfogo, per loro, ai loro complessi edipici.

è tanto più sorprendente in quanto gli artisti, con cui i maestri di scacchi si compiacciono di paragonarsi, sono frequentemente degli omosessuali.

Il profuso simbolismo fallico degli scacchi offre una certa gratificazione a livello fantastico del desiderio omosessuale (in particolare di masturbazione reciproca), un desiderio totalmente represso, come è ovvio. Fra l'altro, lo scacco matto può anche essere considerato un modo di rendere impotente il padre, e quindi essere giudicato una componente del complesso omosessuale. D'altra parte, l'io dell'omosessuale manifesto è, sotto molti aspetti, diametralmente opposto a quello del giocatore di scacchi. Bychowski (6) elenca un certo numero di difese caratteristiche in cui si estrinseca l'omosessualità: la debole struttura dell'io basata su una disposizione narcisistica o prenarcisistica, la vulnerabilità dell'io all'urto della stimolazione della libido, l'incapacità a rinunciare alla gratificazione primaria con oggetti diretti e la preponderanza degli impulsi istintuali sull'apparato mentale. Tutto questo è direttamente antitetico a ciò che troviamo nel giocatore di scacchi: qui l'io è forte, è in grado di tollerare una cospicua stimolazione della libido, di rinunciare alla gratificazione primaria e di neutralizzare in larga misura le energie pulsionali.

L'ansia che accompagna il gioco è per lo più conscia: i giocatori si lamentano di essere 'nervosi' o 'tesi', oppure che il gioco non li lascia dormire, che i pezzi gli stanno sempre davanti agli occhi, che una sconfitta è un duro colpo per loro, e così via. Come abbiamo già detto, durante una partita può formarsi una grande tensione interiore, che non trova sfogo perché ogni sbocco in azioni aggressive o in contatti fisici è bloccato. È facile indicare l'origine dell'ansia: l'aggressività e l'omosessualità, benché profondamente represse, vengono pur sempre alla luce in forma mascherata; da ciò il costante timore di punizione. Poiché nel gioco degli scacchi non esiste il minimo elemento di casualità, la vittoria è il risultato dei propri meriti e la sconfitta dei propri errori. Vincere, quindi, è battere il padre, perdere essere battuti da lui, o sottometterglisi. Ne consegue che gli antichi conflitti derivanti dalla lotta col padre, costantemente presenti, minacciando di concretarsi generano questo stato ansioso.

Nonostante l'ansia, però, in fondo in fondo il giocatore sa di essere impegnato in una battaglia finta, sa che si tratta pur sempre di un gioco. Anche le regole e la prassi che disciplinano lo scacco matto riescono a mitigare in parte la sua ansia. Non completamente, però; e la presenza in molti giocatori di questi stati di tensione resta in loro uno dei più comuni sintomi di nevrosi.

Dal punto di vista dell'io, deve pur esserci nel giocatore una forza notevole, tale comunque da permettergli di tollerare un'ansia tanto forte per periodi tanto estesi. Anche sotto questo aspetto c'è un netto contrasto con il debole io dell'omosessuale manifesto, che cerca di sfuggire al minimo stato ansioso dando prontamente sfogo ai propri impulsi.

Diversi aspetti del gioco mettono poi in luce il narcisismo del giocatore: infatti, gli scacchi sono una battaglia individuale, e la figura del Re si presta particolarmente bene alle identificazioni a cui abbiamo sopra accennato. Una vittoria può quindi esaltare gli elementi positivi della propria immagine di sé, e una sconfitta rivelarne gli aspetti di debolezza. Il narcisismo che qui emerge è innanzitutto quello dello stadio fallico, non quello di tipo primario caratteristico dello stadio orale. Tuttavia, la forza del narcisismo fallico sarà a sua volta influenzata dal grado della fissazione orale.

Il Re mette in rilievo anche un altro tratto caratteristico del giocatore di scacchi, il culto per l'eroe. Nettamente distinto da tutti gli altri, il Re simboleggia facilmente gli eroi delle leggende; in qualsiasi campo agisca, il giocatore di scacchi riuscirà di solito a trovare un uomo da ammirare smisuratamente, e cercherà di formarsi sul suo modello. Si tratta naturalmente di una sostituzione del padre, eppure la capacità di effettuare questa sostituzione è, tutto sommato, un aspetto positivo nella formazione di un uomo. Anche qui è evidente la differenza con l'omosessuale manifesto che, di solito, non riuscirà né a identificarsi col padre, né a trovare un qualche suo sostituto, di cui servirsi per formarsi un io virile ideale.

H. Sachs (35) fu il primo a mostrare che il trasferimento del narcisismo dall'io agli oggetti è uno dei fattori della creatività artistica. E questo è un altro legame tra gli scacchi e il mondo dell'arte. Il narcisismo del giocatore di scacchi può facilmente essere eccessivo: immerso in se stesso, nei suoi successi, in quelli dei suoi eroi, spesso egli rivela una insufficiente capacità di dar vita a rapporti oggettivi autentici, in particolare con le donne. In generale, si trova benissimo in compagnia maschile, a causa della repressione sia dell'aggressività sia dell'omosessualità, trovando nelle donne una vera pietra d'inciampo. Può es-

sergli particolarmente difficile provare sentimenti teneri per le donne, difficoltà che egli razionalizza, limitandosi a frequentare altri uomini.
D'altro canto, questo narcisismo ha anche un aspetto sano, in quanto aiuta l'uomo a vedere al di là di ciò che è convenzionale e artificioso e a produrre qualcosa di nuovo e di valido. Federn (14) ha mostrato che un sano narcisismo si ritrova spesso nell'individuo creativo. Anche Anne Roe (33), nei suoi studi su eminenti scienziati, li descrive come individui narcisisti, piuttosto ritardati nel loro sviluppo psico-sessuale.
Qualche parola, infine, sul voyeurismo-esibizionismo. È completamente inconscio, e facilmente gratificato in una situazione a due; può quindi succedere che il giocatore di scacchi si senta a disagio in mezzo alla folla, e sia in generale un carattere schivo. Inoltre, per effetto dell'elemento narcisistico, è probabile che sia indifferente nei confronti delle organizzazioni sociali di vario tipo.
Prima di passare a parlare di personaggi reali, vorrei brevemente ricapitolare i punti più importanti della nostra esposizione. I conflitti della libido gratificati negli scacchi gravitano intorno a quelli comuni a tutti gli uomini al livello di sviluppo fallico-anale, in particolare, l'aggressività, il narcisismo e l'atteggiamento verso il pene. Tutti questi aspetti sono simboleggiati nel gioco; fondamentale in questo simbolismo è la figura del Re, con tre significati diversi: il pene del ragazzo nello stadio fallico, l'immagine di sé in un adulto che si giudica insostituibile, indispensabile e importantissimo, e al tempo stesso debole, e infine il padre ridotto alle proporzioni del figlio. Nello sviluppo ontogenetico del gioca-

tore, gli scacchi sono un aspetto della lotta del figlio per eguagliare e superare il padre.

L'io mostra alcuni aspetti ben definiti: preferisce servirsi di difese intellettuali, ma, quando si abbandona al proprio mondo fantastico, non vi si perde, sa venirne fuori, e l'ansia, che può essere cospicua, è tuttavia ben tollerata. Le energie pulsionali possono essere neutralizzate, tanto da permettere notevoli successi. Nell'insieme, l'io dimostra una forza considerevole, specialmente nella capacità di far uso delle risorse intellettuali e nel sopportare situazioni difficili. La sua debolezza consiste principalmente in una fissazione narcisistica, che rende difficile al giocatore di emergere dal livello omosessuale di sviluppo a quello eterosessuale.

III

I CAMPIONI DEL MONDO

L'analisi precedente è di carattere piuttosto generico e teorico. Vorrei ora prendere in esame in modo più dettagliato la personalità di alcuni giocatori, e mettere a confronto i risultati ottenuti con quanto è stato detto finora. Ci limiteremo ad affrontare tre aspetti della questione: primo, esiste nel nucleo della personalità una qualche costellazione che sia comune a tutti i giocatori? Secondo, quale parte hanno gli scacchi nella vita di un particolare individuo? E, terzo, quale rapporto esiste, se esiste, tra personalità e stile di gioco?

A questo scopo mi propongo di passare brevemente in rassegna la vita dei campioni del mondo di questi ultimi cento anni. Si può subito obiettare che questi uomini non sono rappresentativi del giocatore medio, e fino a un certo punto questa obiezione può essere valida; nel migliore dei casi può essere valida solo per certi aspetti, ma non per tutti. Potremmo attenderci che molte delle differenze tra un campione e un giocatore comune risiedano in una abilità innata, e che la struttura della personalità sia grosso modo la stessa. Questo è vero per artisti creativi che operano in altri campi, per cui uno studio che abbia per oggetto la vita e l'opera di grandi pittori come Leonardo, van Gogh o Picasso farebbe luce sulla struttura caratteriale dei loro colleghi meno illustri. Che esista sempre una relazione tra stile e personalità, indipendentemente dal talento o dal tirocinio, è un'ipotesi propria delle tecniche proiettive.

Per più di un secolo, all'incirca, il mondo degli scacchi è stato sufficientemente organizzato da consentirci di parlare di campione del mondo; il titolo in sé è in uso dal 1870, quando Steinitz se lo attribuì sulla base dei suoi numerosi successi. Prima di lui i campioni furono, in forma ufficiosa, Staunton (1844-51), Anderssen (1851-58 e ancora 1859-66), e Morphy (1858-59). Dopo Steinitz (1866-94) sono stati ufficialmente riconosciuti campioni Lasker (1894-1921), Capablanca (1921-27), Alechin (1927-35 e 1937-46), Euwe (1935-37) e Botvinnik dal 1948 in varie riprese. *

1. HOWARD STAUNTON (1810-74) raggiunse una posizione di preminenza sia nel campo della critica letteraria sia in quello degli scacchi. Si ritiene che fosse il figlio naturale di Frederic Howard, quinto conte di Carlisle (13). Suo primo interesse fu il teatro e, dopo un breve intervallo come attore, divenne un illustre studioso di Shakespeare, una delle maggiori autorità in Inghilterra. Divenne noto al mondo scacchistico nel 1840, all'età relativamente tarda di trent'anni. Nel 1843 sconfisse il francese St.-Amant e fu riconosciuto ufficiosamente il miglior giocatore del mondo. Spinto dalla sua inclinazione letteraria fondò una rivista intitolata « The British Miscellany and Chess Player's Chronicle ».

* La serie completa dei campioni del mondo, a tutt'oggi, è questa: Botvinnik (1948-57), Smyslov (1957-58), Botvinnik (1958-60), Tal (1960-61), Botvinnik (1961-63), Petrosian (1963-69), Spassky (1969-72), Fischer (1972-75), Karpov (1975...) [*N.d.T.*].

Staunton scrisse anche alcuni libri, il suo *Handbook* (37) fu il miglior manuale scacchistico fino alla pubblicazione di *The Modern Chess Instructor* di Steinitz (38).
Nel 1851 Staunton organizzò a Londra il primo torneo internazionale dei tempi moderni. Anderssen vinse il primo premio davanti a Staunton il quale giustificò la sconfitta con ingegnosi cavilli. Nel 1853 fu lanciata da Staunton una sfida mondiale, ma le condizioni da lui stabilite erano tali che Anderssen, al quale era principalmente rivolta, non poté raccoglierla; allora Staunton si ritirò dalla scena scacchistica. Alcuni anni più tardi quando Morphy apparve per sfidarlo, Staunton evitò un incontro alla scacchiera, rifugiandosi dietro incredibili acrobazie verbali.
Come uomo, Staunton fu una persona estremamente aggressiva: niente lo elettrizzava di più di una buona polemica sui giornali. Vi sono innumerevoli testimonianze di violente dispute letterarie nelle quali si lanciava; questo passo tratto dalla sua rivista (15) ne è un buon esempio:
« Un avvocato, Temple, richiama la nostra attenzione sulle ridicole modifiche alle Regole degli Scacchi fatte da G. Walker nel suo *New Treatise on Chess* e chiede: "È possibile che queste assurdità siano sanzionate dal London Chess Club?". L'unica sanzione che il comitato può concedere alle puerilità di Walker è di riderci sopra. I suoi libri sugli scacchi non hanno alcun valore né autorità se non tra la categoria più bassa di giocatori ».
Aggressività, organizzazione e narcisismo sono le linee di condotta manifeste secondo le quali si mosse la vita di Staunton. Passando dal palcoscenico alla critica sostituisce il pensiero all'azio-

ne, e passando dalla critica agli scacchi ritorna, dal pensiero, all'azione. In seguito, tornerà di nuovo al pensiero.

Per quel che riguarda gli scacchi, la sua carriera attiva terminò virtualmente con la sconfitta di Londra, e la spiegazione più semplice — cioè che egli non riuscì a superare il colpo inferto al suo narcisismo — è indubbiamente quella giusta.

Il suo talento era tale da permettergli di raggiungere le più alte vette sia negli scacchi sia nella critica letteraria. La sua importanza come studioso shakespeariano gli meritò un riconoscimento nell'*Encyclopaedia Britannica* dove si legge che nella critica letteraria « fece mostra di qualità, quali l'acume e l'accortezza, che lo avevano fatto eccellere negli scacchi ». D'altra parte, è facile fare un parallelo tra il suo interesse per Shakespeare e quello per gli scacchi: solo il Re degli scrittori poteva interessare la sua penna. Aveva trovato il suo eroe; e infatti, uno degli ultimi scritti, citati dall'*Encyclopaedia*, è intitolato « Unsuspected Corruptions of Shakespeare's Text »; si sentiva in dovere di difendere il Re da qualsiasi attacco.

Prima di dire qualcosa sul modo di giocare di Staunton è necessario chiarire in quale senso possiamo parlare di 'stile scacchistico' in generale. Una vasta letteratura psicoanalitica è fiorita, a proposito degli artisti, attorno al problema del rapporto esistente tra le loro opere e i loro conflitti nevrotici. È lecito aspettarci che simili forze inconscie agiscano anche nei giocatori di scacchi, e che influiscano sia sul modo in cui il gioco si innesta nella struttura caratteriale del giocatore sia sullo stile da lui adottato.

A prima vista può sembrare poco importante

come si vince, purché si vinca; tuttavia, l'esperienza insegna che, ad un'analisi accurata, vengono in luce differenze notevoli sul modo di accostarsi al gioco anche tra giocatori di pari forza. Fu Reti nel suo *Masters of the Chess Board* a mettere a fuoco questo aspetto e a documentarlo dettagliatamente. In effetti, come qualsiasi artista ha uno stile personale che caratterizza e permea la sua opera al punto che un esperto può riconoscere subito se un certo dipinto è di Degas oppure di Utrillo, così anche lo stile dei maestri di scacchi assume un'impronta nettamente distinta, ed è facilmente identificabile dagli esperti. Si può comunque notare questa importante differenza: per ragioni tecniche l'originalità di un maestro si manifesta solo in alcune partite, non in tutte. Per esempio, ai nostri giorni l'espressione 'patta del grande maestro' è divenuta di moda per descrivere le patte veloci concordate dai grandi maestri (dei quali la Federazione Internazionale degli Scacchi ne riconosce 20 o 25) che non vogliono correre rischi tra loro in un incontro importante. Analogamente, nel caso di un'enorme disparità di forza il modo di vincere diviene una semplice routine.

Tenendo presenti queste riserve, per prima cosa possiamo dividere, approssimativamente, gli stili scacchistici in aggressivi e difensivi. Talvolta si dice che anche gli scacchi hanno una scuola romantica (attacco) e una classica (difesa), ma a parte questa suddivisione semplicistica, a un esame più attento vengono in luce elementi più sottili. Alcuni giocatori, come Botvinnik, sanno attaccare e difendersi ugualmente bene; altri, come Alechin, sanno attaccare ma non hanno una buona difesa; altri ancora, come Reshevsky, hanno una buona difesa ma un attacco debole. In generale, i maestri sono fedeli a certe aperture consone al loro temperamento. Le caratteristiche più evidenti dello stile di gioco di Staunton erano il suo eclettismo e la sua pacatezza. Di lui non ci è pervenuta alcuna partita brillante; vinceva principalmente per la sua abilità nello sfruttare gli errori dell'avversario. Evitava i gambetti 'va banque' tanto popolari a quel tempo, e questo ultraconservatorismo era in netto contrasto con l'aperta aggressività di cui faceva mostra lontano dalla scacchiera. Tali apparenti contraddizioni non sono affatto rare: l'uomo mite e passivo può giocare in modo brillante sfogando la sua aggressività sulla scacchiera; al contrario, l'uomo aggressivo può trovare una compensazione in un gioco tranquillo.

2. ADOLF ANDERSSEN (1818-79) fu per molti aspetti l'opposto di Staunton. Nacque a Breslavia, e per molti anni fu precettore in una famiglia privata, poi insegnante di tedesco e di matematica in un ginnasio di Breslavia per il resto della vita. Non si sposò mai, benché si dica che sapesse mettere un tocco di galanteria nelle conversazioni con le signore.
La sua carriera di scacchista attivo ebbe inizio con la vittoria al torneo di Londra del 1851. Dopo questa, giocò quando e dove poté, sebbene spesso fosse costretto a rifiutare inviti per la sua attività di insegnante. Quando non partecipava a tornei giocava partite estemporanee. In verità, per quanto ne sappiamo, oltre l'insegnamento, il suo unico vero interesse nella vita furono gli scacchi. Per il suo attaccamento al gioco e per gli

straordinari risultati conseguiti, l'Università di Breslavia gli concesse una laurea ad honorem nel 1865, straordinario riconoscimento da parte del mondo accademico, che da allora non si è più ripetuto.
Sebbene sia stato battuto da entrambi i suoi grandi rivali, Morphy e Steinitz, Anderssen non fu mai troppo infastidito dalla sconfitta. Gli piaceva giocare e, a quel che sembrava, vincere o perdere era per lui una cosa del tutto secondaria.
È abbastanza evidente quale parte avessero gli scacchi nella placida vita di un insegnante scapolo; essi rappresentavano lo sfogo principale della sua libido. In netto contrasto con Staunton, non si impegnò mai in dispute né si fece nemici: del torneo di Londra del 1851 ebbe solo a ridire sui prezzi scandalosamente alti. Nelle lettere ai familiari, alcune delle quali ci sono pervenute, si diffonde in minuti particolari per dimostrare quanto tutto costasse caro; per il resto, trovava tutti i giocatori simpatici, gli organizzatori cortesi, la sistemazione soddisfacente. Ogni altra cosa nella sua vita era sicura e ben regolata; solo negli scacchi poteva veramente lasciarsi andare. Di conseguenza il suo stile è il più romantico di tutti: attaccare e sacrificare i propri pezzi, a ragione o a torto. L'uomo che nella vita reale non poteva tollerare alcun cambiamento, non sopportava un ruolo tranquillo nel mondo fantastico degli scacchi: tutto doveva essere fluido, aperto, ardito, brioso, avventuroso. Del suo successore scrisse, in tono sconsolato: « Chi gioca con Morphy deve abbandonare ogni speranza di prenderlo in trappola, non importa con quanta astuzia gliel'abbia tesa... ». La possibilità di modificare il proprio

stile non passò mai per la mente di Anderssen; psicologicamente egli non poteva cambiare.

3. PAUL MORPHY (1837-84) ha attirato l'attenzione degli psichiatri per la psicosi manifestata nella maturità. È il soggetto dello studio di Ernest Jones citato all'inizio (23).
Nacque a New Orleans il 22 giugno 1837; il padre era di origine ispano-irlandese, la madre di estrazione francese. A dieci anni imparò a giocare dal padre; a dodici riuscì a battere lo zio (fratello del padre) che era allora il migliore scacchista di New Orleans. Si dedicò agli studi fino al 1857, anno in cui si trasferì a New York dove si aggiudicò con facilità il primo premio nel campionato americano che si disputava allora per la prima volta. L'anno successivo visitò Londra e Parigi, dove vivevano a quel tempo i maggiori maestri di scacchi e sconfisse tutti i rivali, compreso Adolf Anderssen. Solo Staunton si rifiutò di incontrarlo, nonostante tutti i suoi sforzi per combinare un incontro.
Ritornò allora a New Orleans da dove lanciò la sfida mondiale concedendo vantaggi. Poiché questa non ebbe risposta, dichiarò chiusa la propria carriera scacchistica; era durata appena diciotto mesi e soltanto per sei mesi era stato visto in esibizioni pubbliche.
Dopo il ritiro (all'età di ventun anni!) esercitò la professione di avvocato – suo padre era giudice –, ma senza successo. Gradualmente regredì in uno stato di isolamento e di eccentricità che culminò in una forma indubbia di paranoia. Morì improvvisamente all'età di quarantasette

anni per 'congestione cerebrale', probabilmente apoplessia, come il padre prima di lui.
Della malattia che lo afflisse nei suoi ultimi anni Jones riporta questi sintomi: si credeva perseguitato da persone che volevano rendergli la vita impossibile, e le sue fissazioni si concentrarono sul marito della sorella maggiore, amministratore dei beni paterni, che lui sospettava di derubarlo. Morphy lo sfidò a duello e poi gli fece causa, consacrandosi per anni alla preparazione del processo: in tribunale fu agevole provare che le sue accuse erano del tutto infondate. Pensava anche che la gente, e in particolare il cognato, cercasse di avvelenarlo e per un certo periodo rifiutò di prendere cibo se non dalle mani della madre o della sorella minore che non era sposata. Un'altra fissazione era che il cognato e un amico intimo, Binder, cospirassero per distruggergli gli abiti, a cui teneva molto, e per ucciderlo. Una volta andò nell'ufficio di quest'ultimo e inaspettatamente lo aggredì. A quanto pare, per strada si fermava a fissare ogni volto grazioso che incontrava. Per un certo periodo ebbe la mania di camminare su e giù per la veranda declamando queste parole: « Il plantera la bannière de Castille sur les murs de Madrid au cri de Ville gagnée, et le petit Roi s'en ira tout pénaud ». [9]
Aveva l'abitudine di fare ogni giorno una passeggiata, a mezzogiorno in punto e inappunta-

9. « Egli pianterà la bandiera di Castiglia sulle mura di Madrid al grido di 'Città conquistata!' e il piccolo Re se ne andrà tutto triste ». Jones afferma che non è riuscito a individuare la fonte di questa filastrocca. Comunque, è chiaramente un grido di vittoria sul Re, un modo regressivo di esprimere in parole ciò che egli non era più in grado di compiere a fatti. Si veda quello che abbiamo detto sopra a proposito di questo aspetto del carattere dei giocatori (p. 39).

bilmente vestito, dopo di che rientrava in casa fino a sera quando usciva per l'opera senza mai mancare una sola rappresentazione. Non voleva vedere nessuno eccetto la madre, e si arrabbiava se essa si azzardava a invitare persino gli amici intimi. Due anni prima che Morphy morisse gli fu chiesta l'autorizzazione a inserire un resoconto della sua vita in un repertorio biografico che si intendeva pubblicare sugli uomini più illustri della Louisiana. Egli rispose indignato che suo padre, il giudice Alonso Morphy, dell'Alta Corte della Louisiana, aveva lasciato alla propria morte la somma di 146.162,54 dollari, e che lui, Morphy, non aveva esercitato nessuna professione e quindi non aveva niente a che fare con le biografie. Oggetto costante di ogni sua conversazione era la fortuna del padre e bastava la minima allusione agli scacchi per farlo irritare.

A questo punto viene spontaneo chiederci quale rapporto vi fosse, se realmente un rapporto c'era, tra il genio scacchistico di Morphy e la sua psicosi. Jones attribuisce la massima importanza al rifiuto di Staunton di giocare con Morphy: Staunton era per lui la suprema immagine paterna e per Morphy sconfiggerlo significava mettere alla prova non solo la propria capacità di giocare a scacchi, ma, inconsciamente, anche molte altre cose. Quando Staunton, invece di incontrarlo alla scacchiera, gli lanciò attacchi maliziosi e triviali, il cuore di Morphy cedette ed egli abbandonò il 'cattivo sentiero' della sua attività scacchistica. Era come se il padre avesse smascherato le sue cattive intenzioni e, per ritorsione, adottasse ora nei suoi confronti questo atteggiamento ostile. Il gioco degli scacchi, che era sembrato un modo innocente e lodevole di esprimere la propria personalità, si rivelava così l'attuazione del più infantile e ignobile dei desideri, dell'impulso inconscio di commettere un'aggressione sessuale sul padre e al tempo stesso di mutilarlo completamente.

Vi è tuttavia un'obiezione piuttosto seria a questa ingegnosa teoria di Jones: nel 1858 il campione mondiale ufficioso non era più Staunton, ma Anderssen, e anche oggi gli storici degli scacchi collocherebbero indubbiamente Anderssen davanti a Staunton in quegli anni. Nel 1866, quando Steinitz vinse il campionato mondiale, lo fece a spese di Anderssen, e Morphy aveva sconfitto Anderssen in maniera indiscutibile. Così non è chiaro perché avrebbe dovuto essere tanto disturbato dal rifiuto di Staunton di incontrarsi con lui.

Maggiore importanza deve invece essere attribuita alla ripetuta dichiarazione di Morphy che egli non era un professionista. Al ritorno a New York dopo i suoi successi europei nel 1858, ricevette accoglienze trionfali: era la prima volta nella storia che un americano aveva dimostrato di essere non soltanto uguale ma superiore, nel suo campo, a qualsiasi rappresentante del vecchio mondo; Morphy, quindi, aveva elevato di un cubito la grandezza della civiltà americana. In un'università, alla presenza di un grande pubblico gli fu offerta in dono una scacchiera con case di madreperla ed ebano e pezzi in oro e argento; ricevette inoltre un orologio d'oro sul quale i numeri erano sostituiti da pezzi di scacchi colorati.

Durante questa cerimonia, il presidente del comitato per i festeggiamenti, colonnello Mead, alluse nel suo discorso agli scacchi come a una professione e fece riferimento a Morphy come al suo più brillante esponente. Morphy si oppose fermamente all'essere classificato, anche se non esplicitamente, un giocatore professionista ed espresse il suo risentimento in modo tale che il colonnello Mead si ritirò dal comitato. In questa occasione, nel corso del suo discorso, Morphy fece le seguenti precisazioni (23):

« [Il gioco degli scacchi] non soltanto è il divertimento più attraente e scientifico, ma anche il più morale. A differenza di altri giochi nei quali scopo e fine dei contendenti è il lucro, questo si raccomanda ai saggi perché le sue battaglie fittizie non sono combattute per ottenere un premio e nemmeno per l'onore. In modo precipuo ed eminente questo è il gioco dei filosofi. Fate che la scacchiera prenda il posto del tavolo verde, e ne risulterà un grande miglioramento nella moralità collettiva...

« Gli scacchi non sono mai stati né possono essere che uno svago. Non si dovrebbe indulgere in esso a detrimento di altre e più serie occupazioni, né dovrebbe assorbire o accaparrarsi i pensieri dei suoi adoratori, al contrario, essere tenuto in secondo piano, confinato entro i limiti che gli sono propri. Come puro gioco, come distensione nei duri impegni della vita è degno del massimo elogio ».

Questo suo non voler considerare gli scacchi come una possibile professione fu seguìto dal rifiuto di consacrarsi a qualsiasi professione. Una così totale mancanza di volontà di prendere la vita sul serio deve avere avuto cause più profonde che non la dispepsia verbale di Staunton. In realtà, la sua tendenza a ritrarsi dalla vita deve essersi presentata molto presto, ed essere stata compensata dall'interesse dominante per gli scacchi. Morphy imparò a giocare a dieci anni, divenne campione di New Orleans a dodici, campione degli Stati Uniti a venti e campione del mondo a ventuno. Imprese come queste sono state compiute da molti altri dopo di lui, ma esse possono riuscire solo a prezzo di un enorme dispendio di tempo e di fatica; in altre parole, per tutta la sua adolescenza, Morphy deve aver dedicato la maggior parte del proprio tempo al gioco degli scacchi. A quanto risulta, non ebbe mai esperienze sessuali o, tutt'al più, solo occasionali: in questo modo, le normali attività competitivo-sessuali dell'adolescente furono da lui tralasciate in favore degli scacchi. In pratica, quindi, furono questi che lo salvaguardarono dalla psicosi.

L'eccezionalità del suo talento fece di lui una celebrità mondiale; come campione del mondo, però, non poteva più prendere gli scacchi alla leggera o considerarli un semplice gioco, e poiché essi non potevano più essere soltanto uno svago, perdevano il loro valore difensivo; ne derivò un'ulteriore regressione. La psicosi, precedentemente nascosta, esplose con grande violenza.

Voglio richiamare l'attenzione su un altro aspetto peculiare, riguardo a Morphy: di lui ci sono state conservate qualcosa come quattrocento partite, comprese ventidue dei suoi primi anni e più di cinquanta giocate concedendo vantaggi. Di esse solo cinquantacinque sono partite di torneo o di campionato; oggi è piuttosto insolito che un maestro conservi la trascrizione di partite estemporanee o a vantaggio. Come mai tante partite di Morphy sono state trascritte? La maggior parte di esse non ha valore intrinseco; le partite estemporanee raramente lo hanno. Esse debbono essere state trascritte da Morphy (o con il suo consenso) per un'inconscia motivazione esibizionistica, con l'intento di pubblicarle in una futura raccolta. Essendo divenuto famoso, c'era il rischio che il suo desiderio esibizionistico venisse smascherato (nella sua mente) e solo una regressione poteva salvarlo da tale pericolo.

L'esistenza stessa di tante partite estemporanee mostra che Morphy non era capace di prendere gli scacchi alla leggera, anzi, erano una cosa maledettamente seria per lui benché facesse di tutto per negarlo. La sua affermazione dettata dall'inconscio che per lui gli scacchi erano un semplice gioco non poteva più convincere nessuno; a questo doveva seguire una nuova regressione.

L'analisi dello stile di gioco di Morphy è complicata da considerazioni di carattere storico: la sua attività, infatti, copre un periodo di poco più di un anno (1857-1858), in un'epoca in cui lo sviluppo del gioco era estremamente rudimentale rispetto a oggi. Via via che aumentava la bravura dei maestri, lo stile audace e spietato, così caratteristico dei suoi tempi, veniva sostituito da un tipo di gioco molto più sottile, raffinato e conservatore. Un certo numero di specialisti ha espresso molte riserve su questa tendenza, e ha visto in Morphy un campione del gioco combinativo, tale che, anche giocando alla cieca, egli sarebbe stato in grado di sconfiggere tutti questi timorosi moderni. Questa tesi non è altro che la solita mitizzazione del passato, il rimpianto, così diffuso in tutti i campi, della generazione più anziana per i tempi andati, il solito: « ai miei tempi sì che c'erano dei veri uomini, che sape-

vano come si gioca al pallone o a scacchi, oppure come si fa a pugni », e via dicendo.
Se ci limitiamo a considerare le cinquantacinque partite serie comprese nella raccolta di Morphy, vediamo che solo poche possono, con qualche sforzo di immaginazione, essere chiamate brillanti: molte sono del tutto incolori. Quello che Morphy possedeva, a differenza dei suoi rivali, era, in primo luogo, la capacità di vedere chiaramente le combinazioni (che è una questione di forza e non di stile); e, in secondo luogo, la consapevolezza istintiva dell'importanza del gioco posizionale, quasi sconosciuto ai suoi tempi.
In effetti, se poniamo a confronto lo stile di Morphy con quello dei suoi grandi rivali Anderssen e Paulsen, notiamo che la differenza principale risiede nella sua capacità percettiva dei princìpi di sviluppo del gioco.
È probabile che proprio in questo debbano aver trovato espressione gli aspetti più profondi della sua personalità: il gioco posizionale è, innanzitutto, la capacità di disporre i pezzi nella maniera più efficace. Come abbiamo accennato sopra, il comportamento di Morphy si fece peculiarmente metodico nel corso della sua psicosi: passeggiata mattutina, pomeriggio in compagnia della madre, opera la sera. Siamo anche a conoscenza di altri casi di metodicità estrema in personalità ossessive e paranoiche. Lo sviluppo del gioco posizionale di Morphy è quindi riconducibile al suo tentativo di organizzare secondo un ordine più significativo il proprio mondo, ma che per attuare questo suo bisogno egli si servisse degli scacchi era dovuto, comunque, al suo innato talento.
La discussione teorica del capitolo precedente ci

fornisce una facile spiegazione dei sintomi psicotici di Morphy: la rivalità col padre fu espressa dapprima negli scacchi e poi controllata per mezzo di una identificazione psicotica regressiva. Durante la sua attività scacchistica Morphy era noto per le maniere 'signorili'; egli represse completamente la sua aggressività. Un'ulteriore repressione si verificò nella psicosi, messa a nudo soltanto dall'aggressione omosessuale a Binder, l'uomo che secondo lui avrebbe preso i suoi vestiti; cioè l'avrebbe smascherato. L'assenza di ansia, che molti avevano notato in lui, era un segno della debolezza più che della forza dell'io; egli doveva fingere di essere libero da tutte le emozioni umane. Il crollo di Morphy rivelò aspetti che, in precedenza, erano stati sublimati negli scacchi: la memoria regredì fino a fissarsi sull'ambiente della sua infanzia; la visualizzazione si abbassò al livello di voyeurismo, che trovava gratificazione nell'opera, nel fissare volti femminili e nell'eccentrica mania di disporre in semicerchio le scarpe da donna nella sua stanza. Quando gli fu chiesto perché disponesse le scarpe a quel modo, rispose: « Mi piace guardarle ». Abbiamo già accennato al nesso esistente tra organizzazione e sistematizzazione paranoica. La paranoia era anche una manifestazione regressiva della paura di essere aggredito che negli scacchi era stata sublimata. Non riuscendo ad accettare il mondo fantastico degli scacchi, perse la capacità di distinguere tra fantasia e realtà (divenne il proprio padre attraverso una identificazione psicotica con lui). Malgrado tutto questo, l'io rimase sufficientemente integro da permettergli di non essere ricoverato in una clinica.

4. WILHELM STEINITZ (1836-1900) nacque a Praga e fin da ragazzo era conosciuto come il miglior giocatore della sua città. A scuola si distinse per la sua disposizione per la matematica. Nel 1858 si trasferì a Vienna dove frequentò il Polytechnische Anstalt. Non molto più tardi, tuttavia, abbandonò gli studi e dedicò il resto della vita agli scacchi. Nel 1862 si trasferì in Inghilterra (non sappiamo esattamente perché lasciasse Praga), dove visse per una ventina d'anni. Verso il 1882, essendosi fatti molti nemici, emigrò negli Stati Uniti dove, salvo qualche interruzione, rimase fino alla morte.
Gli scacchi furono la vera passione della vita di Steinitz. A differenza di Morphy, egli li considerava qualcosa di più di un semplice gioco ed era orgoglioso dei risultati conseguiti. Il suo biografo, Bachmann, cita questa lettera inviatagli da Steinitz nel 1896, che ci dà un'immagine adeguata dell'uomo (1):
« Il gioco degli scacchi non è fatto per i timidi. Richiede un uomo completo, che non si attenga passivamente a quanto gli è stato insegnato, ma cerchi con iniziativa personale di approfondirne gli aspetti. È vero che, riguardo agli altri giocatori, io non mi accontento facilmente e sono pronto alla critica, ma come possiamo non essere critici quando così spesso sentiamo esprimere opinioni superficiali riguardo alle posizioni che invece possono essere adeguatamente chiarite soltanto se analizzate con grande attenzione? Come possiamo non preoccuparci nel vedere la tranquilla acquiescenza con cui si rimane abbarbicati a tecniche antiquate semplicemente perché non vogliamo prenderci la briga di cambiare le nostre comode abitudini? Sì, il gioco degli scacchi

è difficile, richiede fatica e seria riflessione, che solo uno studio attento può soddisfare. Solo una critica spietata può condurre alla meta, ma, sfortunatamente, molte persone considerano il critico come un nemico, invece che una guida verso la verità. Nessuno, però, riuscirà mai a sviarmi dal sentiero della verità ».

Steinitz, la cui famiglia, a quanto si dice, voleva fare di lui un rabbino, divenne invece l'architetto del gioco moderno. Se Morphy fu una cometa splendente, Steinitz, nei quarant'anni che dedicò al gioco, lo organizzò nella forma attuale. Chiarì i concetti di gioco posizionale, classificò le aperture, ratificò regole classiche tuttora valide — come, per esempio, il controllo del centro — e contribuì ad elevare il livello medio del gioco a un'altezza mai vista prima.

In netto contrasto con l'atteggiamento distaccato di Morphy, Steinitz fu un lottatore all'ultimo sangue, tanto che Sergeant ha potuto scrivere: « Mentre la penna di Staunton era intinta nella bile, quella di Steinitz era intinta nel vetriolo ».

Anche prima di dedicarsi agli scacchi, era evidente il gusto di Steinitz per la polemica fine a se stessa. Bachmann cita questo aneddoto tratto dall'autobiografia di Josef Popper (1), quello stesso Popper-Lynkeus di cui parla Freud:

« Uno dei miei amici era il grande giocatore di scacchi Wilhelm Steinitz, il più grande genio che ho incontrato in vita mia. Fino allora questo giovane straordinariamente sensibile era stato un ammiratore entusiasta di Mozart, era cioè della mia stessa opinione, ma improvvisamente divenne ammiratore di... Wagner. Quasi ogni sera trascorrevamo molte ore a discutere se la musica di Wagner fosse veramente bella, se fosse melodiosa e se potesse reggere il confronto con quella di Mozart. Nonostante tutti i miei sforzi, non riuscii a scalzare la sua opinione che la musica di Wagner fosse bellissima e il *Lohengrin*, in particolare, mirabile mentre quella di Mozart era inferiore ».

Anche in Steinitz la qualità che spicca su tutte le altre è l'aggressività intellettuale: combatteva sulla scacchiera, combatteva sulle colonne scacchistiche, discuteva senza fine con gli amici. Ai nemici attribuiva sentimenti antisemiti (e in questo c'era indubbiamente qualche grano di verità) e infine cominciò a scrivere un libro sugli ebrei e gli scacchi, con lo scopo, egli disse, di confutare gli antisemiti.

È naturale che tanta aggressività sia accompagnata da grandi ansie, e questo, in effetti, risulta essere stato il suo caso. Steinitz viene descritto come una specie di isterico, che per trent'anni fu soggetto a ricorrenti 'disturbi nervosi', i cui sintomi principali erano eccessiva eccitabilità, nervosismo e insonnia. Per vincere questi disturbi ricorse al trattamento 'Kneip', un tipo di idroterapia che, a quanto sembra, comprendeva i bagni freddi; a New York esisteva a quel tempo una Kneip Society e molti credevano fermamente in questa terapia.

La gratificazione che gli derivava dall'essere il re del mondo scacchistico lo condusse gradualmente verso una specie di complesso del Messia: quasi alla lettera, si sentiva chiamato a redimere i giocatori perduti. In un aneddoto che si riferisce allo Steinitz giovane, si racconta che egli era solito giocare in un circolo scacchistico viennese con un uomo di nome Epstein, allora una delle persone più importanti della Borsa di Vienna.

Una volta che scoppiò una lite tra i due, Epstein gli disse: « Come osa parlarmi in questo modo? Non sa chi sono io? ». Al che Steinitz replicò: « Oh certo, lei è Epstein della Borsa. Qui, *io* sono Epstein ». [10]

Finché fu il re del mondo scacchistico, Steinitz riuscì a conservare un sufficiente controllo sulle proprie ansie, ma quando, nel 1894, perse il titolo ad opera di Lasker, e nel 1896 la rivincita giocata a Mosca, attraversò un breve periodo di psicosi. Dopo la sconfitta cercò di accelerare al massimo la redazione del suo libro sugli ebrei e gli scacchi, e a questo scopo assunse una giovane segretaria russa che conosceva alla perfezione sia l'inglese sia il tedesco. Fu allora che si mise in testa di poter telefonare senza cavo o ricevitore, e la segretaria lo trovò spesso mentre attendeva una risposta da un telefono invisibile: andava alla finestra, parlava, cantava e aspettava una risposta. La segretaria riferì tutto questo al console americano, che propose di farlo internare nella clinica di Morossow (11 febbraio 1897). Il sei marzo dello stesso anno scriveva a un medico viennese suo amico d'infanzia: « Come tutti i pazzi penso che i medici siano più pazzi di me ». Stava anche abbastanza bene da consigliare agli psichiatri: « Trattatemi come un ebreo e cacciatemi via a calci ».

10. La storiella è simile a quella che si racconta di Reshevsky, il quale si era già fatto conoscere in Polonia durante la prima guerra mondiale, quando l'esercito tedesco occupò il suo paese. Il generale tedesco allora in capo ordinò che il fenomeno scacchistico (il quale aveva allora circa sette anni) gli comparisse dinanzi e giocasse con lui. Per nulla imbarazzato, Reshevsky vinse e disse in yiddish al generale: « Ihr spielt milkhoma, ich spiel schach » [« Tu giochi alla guerra, io gioco a scacchi »].

Steinitz aveva allora sessant'anni. L'idea delirante di un telefono senza fili può darsi sia stata un'aberrazione innocua, se fu rilasciato dopo poche settimane e passò altri quattro anni di attività partecipando a tornei scacchistici. Nel 1900, poco prima di morire, manifestò nuovamente diverse fissazioni. Pensava di poter emettere onde elettriche di cui si serviva per spostare a piacimento i pezzi degli scacchi. Sembra che presumesse di essere in comunicazione elettrica con Dio e potesse concedere a Dio il vantaggio di un Pedone e del tratto. Fu quindi ricoverato in clinica per breve tempo e rilasciato come innocuo. Poche settimane più tardi moriva.
Benché non sia da escludere una psicosi senile con qualche radice organica, le fissazioni della vecchiaia possono essere interpretate come proiezioni compensative dei suoi desideri dopo la sconfitta subita ad opera di Lasker. Quando l'aggressività non fu più un'arma efficace, subentrò in lui la regressione nella fase primaria della megalomania.
In Steinitz il rapporto tra personalità e stile scacchistico è abbastanza semplice e diretto: in gioventù fu uno spericolato giocatore di gambetti, che vinceva con attacchi audaci e brillanti combinazioni; ironicamente, le partite da lui giocate in questo periodo sono tipiche di un modo di giocare erroneamente attribuito a Morphy. È chiaro che egli spodestava il padre con la forza bruta; ma una volta divenuto campione, il padre era lui stesso, e doveva difendersi dagli attacchi dei figli. Di conseguenza il suo stile di gioco subì una trasformazione radicale e divenne un giocatore difensivo insuperabile. E come aveva spinto l'attacco alle estreme conseguenze, così fece

con la difesa: si cacciava nelle posizioni più incredibilmente sbilanciate, dalle quali solo il suo genio lo aiutava a trovare scampo; in una variazione che prediligeva come Nero, egli manteneva fisso il Pedone in e5 contro qualsiasi attacco, proprio come nella vita reale si teneva cocciutamente abbarbicato al suo punto di vista, senza tener conto delle opinioni degli altri.

Il gioco difensivo può spesso possedere qualità provocatorie e Steinitz sapeva essere estremamente provocatorio. Si racconta che Blackburne, un maestro inglese battuto innumerevoli volte da Steinitz, un giorno si sia talmente infuriato da gettare dalla finestra il suo illustre rivale. La principale passione di Blackburne nella vita, oltre gli scacchi, era la bottiglia ed è molto probabile che quando avvenne questo incidente fosse ubriaco, ma può anche darsi benissimo che Steinitz gli abbia fatto perdere il lume degli occhi.

Nel comportamento di Steinitz abbiamo un esempio di trasposizione diretta dalla vita reale alla scacchiera, ma sebbene questo capiti abbastanza spesso non può essere affatto considerato una regola invariabile.

5. EMANUEL LASKER (1868-1941) rappresenta un tipo diverso di personalità. Era nato a Berlinchen e si dice che abbia imparato le prime mosse a dodici anni dal fratello Berthold, il quale divenne anch'egli un eccellente maestro, sebbene si dedicasse poi alla professione medica. Solo dopo che ebbe compiuto il quindicesimo anno di età Emanuel prese il gioco sul serio e, secondo l'usanza tedesca, si aggiudicò il titolo di maestro vincendo l'Hauptturnier a Breslavia nel 1889. Nel

1892 soggiornò a lungo in Inghilterra e dopo alcuni successi si trasferì in America, per battere Steinitz nel 1894. Vinto il campionato mondiale, conseguì strepitose vittorie di torneo a Pietroburgo, 1895-96, Norimberga, 1896, Londra, 1899 e Parigi, 1900; era ormai evidente la sua superiorità su qualsiasi altro maestro del tempo.
Si laureò in matematica a Erlangen nel 1900 e per un certo periodo di tempo si astenne dalla competizione attiva. Benché potesse insegnare matematica oppure giocare a scacchi da professionista, preferì considerarsi un filosofo e dedicarsi liberamente a quello che via via lo interessava. Quasi controvoglia continuò a giocare di tanto in tanto e rimase tra i migliori quasi fino all'ultimo. Nel 1924, all'età di cinquantasei anni, vinse ancora il primo premio al torneo di New York davanti a tutti i principali contendenti, compreso Capablanca.
Nel 1908 sposò una scrittrice tedesca, e a quarant'anni divenne, come egli stesso affermò, marito, padre e nonno in un colpo solo, perché la moglie, più anziana di lui di diversi anni, era già nonna.
Nel 1921 Lasker perse l'incontro per il titolo con Capablanca, un incontro per il quale in realtà aveva mostrato scarso interesse, preferendo addirittura abbandonare prima della fine piuttosto che lottare con quella grinta da lui giudicata una qualità essenziale del giocatore nel suo libro *Kampf* (29) del 1907. Parecchi anni più tardi rilasciò pubblicamente una dichiarazione nella quale affermava che l'organizzazione del mondo scacchistico era nemica di qualsiasi maestro che aspirasse a essere un artista creativo, e annunciò il suo ritiro ufficiale dal gioco. Per nove anni si

tenne in disparte, ma l'avvento del nazismo lo rovinò finanziariamente e nel 1934 le difficoltà economiche lo costrinsero a riprendere l'attività scacchistica. Nel 1935, a Mosca, era ancora abbastanza forte da aggiudicarsi il premio per il terzo posto, all'età di sessantasette anni, un'impresa che molti definirono un « miracolo biologico ». Dopo parecchi anni trascorsi a Mosca, si trasferì in America nel 1937, dove morì nel 1941.

Lasker era soprattutto uno spirito indipendente, un intellettuale nel vero senso della parola. I suoi interessi erano molti e svariati; insegnò matematica, scrisse testi filosofici, durante la prima guerra mondiale inventò una specie di carro armato, scrisse una *Enciclopedia dei Giochi* e un libro sui giochi alla scacchiera; verso la fine della sua vita progettò persino una serie di riforme sociali in un'opera intitolata *The Community of the Future* (30).

Come personalità, era l'antitesi del suo predecessore, Steinitz: affabile, gentile e, perlomeno in superficie, completamente privo di qualsiasi aggressività; quelli che lo conoscevano erano impressionati dal suo modo di evitare qualsiasi discussione o parola scortese su chiunque. Si vantava di possedere un temperamento filosofico.

Per lungo tempo, nei primi Anni Trenta, fu in rapporti amichevoli con Einstein che scrisse anche una prefazione a una sua biografia. Tra le altre cose, Einstein riferisce che i due ebbero lunghe discussioni sulla teoria della relatività. Lasker espresse l'insolita obiezione che, non essendo stato dimostrato che la velocità della luce nel vuoto è infinita, mentre, d'altra parte, questo postulato è una pietra angolare della teoria della relatività, Einstein non avrebbe dovuto annunciare la sua teoria fin quando non fosse stata dimostrata la veridicità o meno del postulato. A questo Einstein aveva replicato che non si poteva aspettare indefinitamente, specie considerando che non esisteva, al momento, alcun metodo certo di verifica e aggiunse che il persistente rifiuto di Lasker di giungere a una conclusione qualsiasi traeva origine dal suo temperamento scacchistico, il quale non esigeva una soluzione definitiva a nessun problema, dato che, dopotutto, gli scacchi erano soltanto un gioco. L'ambivalenza ossessiva di Lasker ebbe qui la meglio su di lui; altrimenti la sua mente eccellente avrebbe forse dato qualche contributo alla fisica.

Quale parte ebbero gli scacchi nella vita di questo distaccato intellettuale? Dovremmo presumere che essi siano stati una grande fonte di gratificazione istintiva nella sola maniera a lui accettabile, cioè quella intellettuale. Qua e là, Lasker ci fa intravedere il piacere che traeva dal gioco, un piacere che a livello conscio era negato. Di Tarrasch scrisse una volta: « Gli manca la passione che frusta il sangue ». E della sua celebrata vittoria su Capablanca ottenuta a Pietroburgo nel 1914, scrisse (16):

« Gli spettatori avevano seguito le mosse finali senza fiatare. Che la posizione del Nero fosse disastrosa era chiaro anche a un principiante. A questo punto Capablanca rovesciò il suo Re. Dalle parecchie migliaia di spettatori si levò un tale applauso quale mai avevo sentito in tutta la mia vita di scacchista. Era come l'applauso che esplode in modo del tutto spontaneo a teatro, *e del quale l'individuo è quasi inconsapevole* ».[11]

11. Corsivo mio.

In altre parole, a volte egli sentiva che la gratificazione negli scacchi della libido era eccessiva: perciò giocò sempre meno e per nove anni smise addirittura di giocare, rifiutandosi di attribuire il giusto valore alle proprie imprese scacchistiche. In particolare, la sua aggressività si rivelò soggetta a crescenti forme di reazione: non riuscì a portare a compimento molti dei suoi altri progetti, perché ciò avrebbe implicato l'adozione di comportamenti aggressivi. Mescolate con l'aggressività fecero la loro comparsa tendenze masochistiche. Durante la prima guerra mondiale scrisse un libro nel quale sosteneva che la civiltà sarebbe andata in rovina se la Germania non avesse vinto la guerra. A monte della sua resa prematura a Capablanca nell'incontro del 1921 ci furono probabilmente motivi masochistici; si sentiva troppo « vecchio », eppure, in alcuni incontri successivi, sconfisse il suo più giovane avversario, l'ultima volta addirittura nel 1935. Nel 1925 « si sentì maltrattato » dal mondo scacchistico. Il medico che lo aveva assistito durante la sua ultima malattia (disturbo alla prostata) disse che se si fosse lasciato curare subito sarebbe vissuto ancora per alcuni anni. L'intellettualizzazione era andata troppo oltre, fino a fargli negare il corpo.

Lo stile di Lasker si presta meno di quello di qualsiasi altro campione ad essere definito, e questo è, in certo modo, la sua caratteristica (come osservò Einstein, non era possibile 'incasellarlo'). Due aspetti, comunque, spiccano in lui: la sua superiorità tattica da un lato, e la ricerca di chiarezza e di ordine dall'altro.

Che la superiorità tattica possa appartenere a un solo campione al punto da caratterizzarlo può sembrare strano; ci aspetteremmo infatti che la posseggano tutti. Eppure, nel caso di Lasker essa fu innalzata a livello di stile, in virtù del fatto che egli, a differenza di altri, non tollerava di assoggettarsi ad alcun punto di vista dottrinario e unilaterale. Steinitz era spesso più ansioso di dimostrare le proprie teorie che di vincere; Capablanca era per semplificare; Alechin per attaccare.

Lasker sapeva attaccare e difendersi. Sebbene di solito preferisse difendersi, poteva giocare le aperture, il medio gioco o i finali con identico virtuosismo. Quanto agli scacchi, dunque, era un artista completo, e in questa sua poliedricità si riflette la sua aspirazione, manifestata in ogni altro aspetto della sua vita, di essere un esperto in molti campi diversi. Non voleva essere incasellato e questo, per quel che riguarda la scacchiera, è un vantaggio, poiché un eclettismo di questo livello porta, a lungo andare, al più gran numero di vittorie. Ma in altri campi era una pesante responsabilità: è probabile che l'aspirazione ad essere più cose contemporaneamente abbia contribuito in maniera determinante a far nascere la sua dedizione precoce agli scacchi; la sua scelta si profila in contrasto con quella del fratello che, egualmente dotato, abbandonò il gioco impegnativo per dedicarsi alla medicina. Sappiamo che fu il fratello a insegnargli a giocare e conosciamo bene la profonda incidenza che ha la rivalità fraterna sulla formazione della personalità.

L'altra caratteristica dello stile di Lasker è la ricerca di chiarezza e di ordine. Il suo primo libro sul gioco (ne scrisse due) è intitolato *Common Sense in Chess* (28). Nella prefazione alla

sua opera filosofica, *Das Begreifen der Welt*, dice (27):
« Questo libro si rivolge a tutti. Non parte da nessun presupposto. Nondimeno, è stato scritto avendo in mente una certa categoria di lettori: fa appello, di preferenza, a quelle persone colte che mantengono tuttavia la loro semplicità. Se avrà successo tra le persone complicate, servirà a renderle più semplici ».
È probabile che la ricerca di chiarezza sia stata in lui strettamente congiunta al desiderio di negare o 'regolare' i propri impulsi sessuali: ricorderemo in proposito la sua affermazione che quando si sposò divenne marito, padre e nonno in un colpo solo. Forse non è un caso che le due varianti che portano il suo nome (la Variante di Cambio nella Spagnola e la Difesa di Lasker nel Gambetto di Donna Rifiutato) prevedano lo scambio insolitamente prematuro delle Regine; ciò significa che per rendere più chiara la situazione egli deve liberarsi delle donne.

6. JOSÉ RAUL CAPABLANCA (1888-1942) è stato il Don Giovanni del mondo scacchistico. Era nato all'Avana e, come avviene di frequente, imparò le mosse dal padre all'età di cinque anni. Nel 1900, quando aveva solo dodici anni, sconfisse Corzo in un incontro valido per il campionato di Cuba. Apparteneva a una famiglia di notevole livello sociale: un suo fratello era senatore e gli altri occupavano posizioni di prestigio nella vita del paese.
Fu inviato a New York dove avrebbe dovuto studiare ingegneria, ma dopo un breve periodo di frequenza alla Columbia University il suo genio

per gli scacchi si mise in luce con tale evidenza che egli abbandonò subito gli studi. Nel 1909 ottenne in un torneo una vittoria schiacciante su Marshall, e fu riconosciuto campione delle Americhe. Nel 1911 vinse il primo premio al torneo internazionale di San Sebastiano e fu subito evidente che era secondo solo a Lasker. L'incontro tra i due dovette essere rimandato a causa della guerra, ma quando finalmente venne disputato, il cubano vinse con notevole facilità.
I concittadini di Capablanca erano entusiasti delle sue imprese: gli fu concesso un incarico nel corpo diplomatico, dove le sue mansioni non erano eccessivamente gravose e poteva così dedicare molto tempo agli scacchi.
Durante i sei anni nei quali Capablanca detenne il titolo mondiale fu considerato quasi invincibile, un « robot degli scacchi », che non commetteva mai errori. Come era avvenuto per Morphy, il mito non rispecchia sempre la realtà; per esempio, nei due tornei ai quali partecipò in competizione con Lasker questi si piazzò davanti a lui tutte e due le volte e molti altri suoi rivali spesso giocavano meglio di lui.
Nel 1927 fu organizzato a Buenos Aires un incontro per il campionato mondiale con Alechin, Capablanca era il favorito, ma con sorpresa di tutti fu sconfitto. Gli sforzi successivi per combinare una rivincita non dettero esito e Alechin per molti anni impedì addirittura a Capablanca di partecipare con lui agli stessi tornei. Fu inattivo per circa cinque anni. Nel 1934 tornò nuovamente a giocare, ma solo nel 1936 riuscì a conseguire di nuovo alcune straordinarie vittorie a Mosca e a Nottingham; dopo di che, il suo gioco deteriorò e nei pochi anni di vita che gli rima-

sero non partecipò più ad alcuna competizione. Morì a New York nel 1942 di emorragia cerebrale: per anni aveva sofferto di una ipertensione abnorme.
Per quello che riguarda la sua vita privata, dopo il fallimento del primo matrimonio fatto in età giovanile, fu un susseguirsi di esperienze sessuali occasionali, finché a cinquant'anni si sposò per la seconda volta con una principessa russa. Fisicamente era piuttosto attraente e lo si vedeva sempre circondato da uno stuolo di donne in ammirazione: l'alibi che circolava (senza dubbio con il suo inconsapevole consenso) dopo molte sue sconfitte era che la notte precedente l'aveva passata con una donna. Quando fu battuto da Tarrasch a Pietroburgo nel 1914, corse voce che egli fosse andato a giocare dopo essere stato a letto con l'amante del Granduca, e quando nel 1927 perse con Alechin, il motivo fu che aveva amoreggiato con troppe ballerine.
Oltre che negli scacchi, Capablanca mostrava grande agonismo anche in altri giochi: fu un abile giocatore di bridge, un tennista competente e un membro della squadra di baseball della Columbia University. Lo scopo della sua vita era chiaramente quello di vincere in qualsiasi impresa si mettesse. Nella terminologia analitica sarebbe classificato un carattere fallico-narcisista; caratteristica di queste persone è che il fine inconscio della propria vita sessuale sia la lotta per la conquista; al pari di Don Giovanni, anche Capablanca cessava di provare interesse per una donna non appena l'aveva conquistata sessualmente.
Un'ulteriore manifestazione del suo narcisismo era l'atteggiamento sprezzante che ostentava ver-

so gli uomini. Era risaputo che non sapeva perdere; quando fu battuto da Marshall all'Avana nel 1913 costrinse il sindaco a far sgomberare la sala da tutti gli spettatori prima di ammettere la sconfitta.

Non molto tempo dopo aver vinto il campionato mondiale fu chiaro che Capablanca aveva perso interesse per gli scacchi. Disse che il gioco aveva ormai esaurito ogni sua attrattiva e suggerì che la scacchiera fosse ingrandita e venissero aggiunti nuovi pezzi. Non studiò mai né diede esibizioni; in realtà era raro che giocasse se non durante i tornei. Si illudeva di aver conquistato gli scacchi e che fosse quindi inutile darsi da fare ulteriormente. Il mito della sua invincibilità nacque da questa illusione. Scrisse in *My Chess Career* (7): « Vi sono stati momenti nella mia vita in cui giunsi molto vicino a credere che non potevo perdere neppure una partita a scacchi. Poi venivo battuto e la sconfitta mi riportava dal mondo dei sogni a quello della realtà ».

Il mondo dei sogni nel quale non possiamo essere sconfitti è un tema ormai noto: simboleggia il ritorno alla madre. In Capablanca era forte la fissazione alla fase orale: non ci sorprende quindi che amasse straordinariamente cucinare e avesse parecchi ristoranti prediletti dove andava a prepararsi personalmente i pasti. L'ansia continua e l'irritabilità che furono con ogni probabilità la causa della sua ipertensione sono anche sintomi comuni della fissazione alla fase orale dell'uomo che non può più ritrovare la tanto desiderata madre della sua infanzia.

La parte che gli scacchi ebbero nella sua vita è chiarissima: egli aspirava a vincere e, grazie al suo talento innato, poteva farlo. Allorché riuscì a sconfiggere il padre (Lasker) il suo interesse si esaurì; ciò sta a significare che egli andava rivivendo la sua fantasia di onnipotenza infantile.

Questa regressione alla fase di onnipotenza infantile spiegherebbe anche quelle strane distrazioni che di tanto in tanto sciupavano le sue partite (esempio, quella con Tarrasch a Pietroburgo nel 1914; la prima partita dell'incontro con Alechin nel 1927; quella con Johner a Carlsbad nel 1929), svarioni che persino un dilettante avrebbe potuto evitare. In quei momenti doveva essere immerso nel suo sogno di onnipotenza (« ...giunsi molto vicino a credere che non potevo perdere neppure una partita... ») e conservare soltanto un tenue contatto con la situazione che aveva davanti agli occhi.

Lo stile di Capablanca potrebbe essere definito materialistico: guadagnare un Pedone o ottenere un certo vantaggio di posizione e confidare per il resto nella propria tecnica infallibile. Perfino le sue prime partite, quelle giocate a dodici anni contro Corzo, seguono questo schema; a quel che sembra, Capablanca non passò mai attraverso la fase romantica dell'attacco a tutti i costi, come succede a tanti giocatori giovani.

L'approccio materialistico scaturisce direttamente dalla sua tendenza fallico-narcisistica: guadagna qualcosa e automaticamente conseguirai il premio. Capablanca aveva una percezione straordinariamente pronta della scacchiera; specialmente in gioventù giocava molto più rapidamente di qualsiasi contemporaneo. Una volta che era in vantaggio non doveva più pensare; poteva ritirarsi nel suo paese della Cuccagna.

7. ALEXANDER ALECHIN (1892-1946) è stato il sadico degli scacchi. Era nato a Mosca, rampollo di una ricca famiglia russa. Sembra, e questa è una eccezione, che fosse la madre a insegnargli a giocare in tenera età e che divenisse subito un fanatico del gioco. A scuola passava il tempo a giocare a scacchi alla cieca. I suoi progressi furono così rapidi che a sedici anni aveva già il titolo di maestro. La ricchezza della famiglia gli permise di dedicare molto tempo agli scacchi (si dice che il padre abbia perduto due milioni di rubli a Montecarlo). A Pietroburgo, nel 1914, conseguì il suo primo vero successo internazionale, piazzandosi terzo dietro Lasker e Capablanca. Tra Alechin e Capablanca si stabilì una calda amicizia; tanto più notevole appare l'astio che li divise qualche anno più tardi.

Durante la guerra e la rivoluzione russa ogni attività scacchistica fu sospesa. Si ritiene che Alechin fosse divenuto un membro del partito comunista, ma una volta passò due settimane in una prigione della Cheka, perché sospettato di aver trasmesso informazioni segrete. Grazie alla sua conoscenza delle lingue straniere, ottenne un posto al ministero degli Esteri, e approfittò di questa posizione per unirsi a una delegazione inviata all'estero dalla quale si staccò appena raggiunta la Germania. Nel 1921 era già fuori dell'U.R.S.S., divenne un maestro professionista di scacchi e tale rimase per il resto della vita; nel 1929 conseguì la laurea in giurisprudenza alla Sorbona, ma non esercitò mai la professione.

Nel dopoguerra Alechin occupava nel mondo scacchistico la terza posizione dietro Lasker e Capablanca, ma, dato che Lasker si ritirò in breve tempo, gli rimaneva da battere soltanto Capablanca. Per anni concentrò tutti i suoi sforzi per vincere il cubano: studiò le sue partite, si applicò duramente, scrisse magnifici libri e finalmente riuscì a vincere il titolo mondiale nel 1927.

Quando ebbe sconfitto Capablanca, l'atteggiamento di Alechin nei suoi confronti ebbe un brusco voltafaccia: evitò la rivincita ricorrendo a tutti i pretesti che riuscì a escogitare; una volta che Capablanca ebbe messo insieme i 10.000 dollari richiesti come premio, Alechin pretese il pagamento in oro perché il dollaro di carta non aveva più lo stesso valore! Sbarrò a Capablanca la porta di ogni torneo nel quale giocava, pretendendo per sé un onorario così elevato che il comitato organizzatore del torneo non poteva farvi fronte. I due non si incontrarono più in una partita di torneo fino al 1936, quando Alechin aveva ormai perso il campionato del mondo e non poteva più dettare le condizioni.

Il rifiuto di Alechin di giocare con Capablanca era senz'altro dovuto alla sua nevrosi, poiché è quasi certo che negli anni che corrono tra il 1928 e il 1934 egli avrebbe vinto con relativa facilità; in quel periodo il suo gioco aveva raggiunto un livello straordinariamente alto, mentre quello del cubano era in declino. Alechin fece di tutto per impedire che in sua presenza venisse fatto qualsiasi accenno al nome di Capablanca. Nel 1937, nel discorso di apertura di un torneo di scacchi che si disputava a Margate, in Inghilterra, Sir John Simon, allora ministro degli Interni, pronunciò alcune parole: quello che disse non era particolarmente interessante, ma gli avvenne ad un tratto di fare il nome di Capablanca. Alechin si alzò immediatamente e lasciò la stanza con ostentazione. Il nemico doveva essere com-

pletamente sterminato e persino il suo nome doveva essere cancellato.
I primi anni in cui regnò come campione, dal 1927 al 1934, videro Alechin all'apice della sua potenza. Poi cominciò a bere smodatamente, il suo gioco deteriorò ed egli cominciò a dare segni di megalomania. Nel 1935 si disputava a Varsavia un torneo internazionale a squadre e Alechin doveva parteciparvi come prima scacchiera per la Francia, di cui si era naturalizzato cittadino. Arrivò alla frontiera polacca senza passaporto, e quando i funzionari gli richiesero i documenti, replicò: « Sono Alechin, il campione mondiale di scacchi. Ho un gatto che si chiama Scacchi. Non ho bisogno di documenti ». L'incidente dovette essere risolto per via diplomatica.
Nel 1935 le sue stranezze gli costarono il titolo, che gli fu tolto da Max Euwe; benché lo riconquistasse nel 1937, era ormai chiaro che molti della generazione più giovane gli erano eguali o superiori.
Durante la guerra Alechin divenne un collaborazionista. Scrisse una serie di articoli sullo spirito 'ariano', nei quali 'dimostrava' che gli ebrei non erano capaci di giocare a scacchi e che anzi guastavano la purezza del gioco. Poiché molti suoi colleghi erano ebrei fu da loro boicottato dopo la guerra; nel 1946 Botvinnik, un'eccezione, lo sfidò a un incontro che si doveva disputare a Londra, ma poco prima della data stabilita Alechin morì di infarto a Lisbona.
Durante la guerra fu data notizia alla radio che Alechin era stato ricoverato per un certo periodo in una clinica francese, a Vichy; ma non sono riuscito a ottenere altri particolari.
I rapporti di Alechin con le donne erano forte-

mente disturbati. Si sposò cinque volte, e le sue due ultime mogli erano molto più anziane di lui: una di trent'anni, l'altra di venti. Sembra che fosse divenuto impotente molto presto. Nei confronti dell'ultima moglie si comportò apertamente da sadico.

Nei suoi anni maturi, Alechin manifestò altre eccentricità. Beveva moltissimo e trattava le persone come fossero semplici pedoni sulla scacchiera. Una volta era stato invitato in Messico a dare una esibizione simultanea su quaranta scacchiere; all'ultimo momento si presentò un ritardatario di qualche peso politico, per cui fu aggiunta una quarantunesima scacchiera; Alechin la rovesciò deliberatamente. Un'altra volta comparve a una competizione così ubriaco che cominciò a orinare sul pavimento e l'esibizione dovette essere sospesa. Nel corso dell'incontro del 1935 con Euwe fu trovato, ubriaco, steso in un campo prima di una partita.

A differenza di Capablanca, Alechin amava gli scacchi. Giocava molto spesso, e quando non giocava dedicava molto tempo allo studio. Diceva che anche in viaggio passava quattro ore al giorno alla scacchiera. Anche in lui possiamo individuare una forte componente fallico-narcisistica. Gli scacchi gli servivano in primo luogo come strumento di aggressione, come un mezzo per annientare gli avversari che non poteva sconfiggere in altro modo. Se lo paragoniamo a Capablanca, due piccoli dettagli si raccomandano alla nostra attenzione: Alechin imparò le mosse del gioco dalla madre, Capablanca dal padre. Ne consegue che per Alechin continuare a giocare a scacchi significava vincere la madre (raccontava persino che giocava a letto con la sua ultima moglie, che era abbastanza vecchia da fargli da madre). Per Capablanca continuare a giocare a scacchi significava stare lontano dalla madre, e perciò gli vennero a noia.

Lo stile scacchistico di Alechin può essere caratterizzato così: è stato il grande esponente dell'attacco a sorpresa. Gli piaceva considerarsi il più grande attaccante nella storia degli scacchi; è evidente che la sua tendenza ad attaccare rappresentava per lui una sublimazione degli impulsi sadici verso il padre. Una volta che aveva atterrato un uomo, voleva distruggerlo; quello che fece nella vita reale a Capablanca lo riproduceva simbolicamente sulla scacchiera.

Al tempo stesso, specialmente verso la fine, Alechin mostrava un'evidente debolezza nel gioco difensivo. Psicologicamente, il motivo è chiaro: egli proiettava i suoi impulsi sadici sull'avversario e temeva quell'annientamento totale che a lui sarebbe piaciuto infliggere.

8. MAX EUWE è nato nel 1901 vicino a Amsterdam. La sua carriera scacchistica ebbe inizio presto: a dieci anni si aggiudicò un torneo svoltosi in una sola giornata che si disputava ad Amsterdam, ma la sua famiglia preferì non forzarlo come bambino prodigio ed egli finì tranquillamente gli studi. Nel 1921, all'età di venti anni, vinse il campionato olandese, ma sebbene avesse fatto già abbastanza strada, evitò di prendere in seria considerazione il gioco fino al conseguimento della laurea in matematica nel 1926. La sua professione è sempre stata quella di insegnante di matematica.

All'inizio, i principali successi internazionali di

Euwe si presentarono come sconfitte di stretto margine. Nel 1926 perse un incontro con Alechin col punteggio di $4\frac{1}{2}$-$5\frac{1}{2}$, e il suo fu un punteggio molto superiore a quello conseguito l'anno successivo da Capablanca nell'incontro per il campionato mondiale. Dopo un progressivo avanzamento della sua posizione nelle classifiche di torneo, sconfisse Alechin in un incontro per il titolo nel 1935. Due anni dopo perse la rivincita.

Dopo la guerra, Euwe chiese di essere dispensato dall'insegnamento per un periodo di cinque anni per dedicarsi interamente agli scacchi. Viaggiò in tutto il mondo e giocò molto, ma i suoi risultati nei tornei non raggiunsero più i livelli conseguiti prima della guerra. Come persona Euwe appare di nuovo in netto contrasto con il suo predecessore. Sposato, con tre figli, vive una vita esemplare e – secondo il criterio comune – ragionevolmente felice. Non vi è alcun segno che possa far pensare a un conflitto nevrotico profondo, nessuna manifestazione ansiosa che superi quella di un individuo normale bene integrato nella nostra società.

Euwe è un maestro di professione, come lo è stato nel mondo scacchistico. In questi ultimi trent'anni ha scritto numerosi libri e redatto rubriche scacchistiche per i giornali e per le riviste principali.

Che parte hanno gli scacchi nella vita di un uomo come lui? Le due scelte che egli fece fin dall'inizio furono gli scacchi e la matematica: in effetti esse si differenziano solo perché una è una gara mentre l'altra non lo è. Gli scacchi sono così un'aggressione intellettualizzata, una sublimazione riuscita. Nello stesso tempo l'aggressi-

vità è mantenuta entro limiti normali. Le vittorie non si risolvono in conquiste grandiose né le sconfitte in sterminio.
Lo stile di Euwe è caratterizzato dall'importanza data alla preparazione accurata e alla logica. È una delle maggiori autorità per quel che riguarda le aperture e raramente gli capita di trovarsi in svantaggio all'inizio. D'altro lato, quando è còlto di sorpresa da una innovazione nell'apertura, si disorienta – senza dubbio perché proietta sull'avversario la sua meticolosità. È chiaro che la sua ordinata vita di insegnante si riflette nella minuziosa preparazione, che è una sua peculiarità. Sorprese tattiche, inconcepibili in una vita simile lo sono anche sulla scacchiera.

9. MIKHAIL BOTVINNIK, nato nel 1911, è il primo campione mondiale generato da una cultura, quella sovietica, che colloca ufficialmente gli scacchi tra le arti creative. Nato a Pietroburgo imparò le mosse a tredici anni, rivelando subito una notevole disposizione per il gioco. Il primo successo della sua carriera lo ottenne nel 1925, quando batté Capablanca in una esibizione simultanea. Nel 1927 conseguì il primo successo nazionale. A sedici anni si qualificò per le finali del campionato sovietico, giungendo quinto ex-aequo con Makogonov e si aggiudicò il titolo di maestro. Nonostante la sua abilità scacchistica, Botvinnik continuò a lavorare nel mondo accademico e divenne ingegnere elettronico, una professione nella quale i suoi meriti sono considerati notevoli. Nel 1931, a vent'anni, Botvinnik vinse il suo primo campionato sovietico. A questo successo ne seguirono altri: nel 1948 vinse il primo

posto nel torneo a cinque per il campionato del mondo dopo la morte di Alechin. Da allora ha difeso due volte con successo il titolo, sebbene in entrambi i casi abbia pareggiato e non vinto. Botvinnik è sposato e ha un figlio; esercita la professione di ingegnere e insegna in una università. La considerazione in cui sono tenuti gli scacchi nel suo paese fa sì che egli possa giocare senza difficoltà quando e dove gli piace. È stato decorato con l'Ordine di Lenin.

Per molti anni i russi si sono sforzati di dimostrare che nella loro società gli artisti non hanno alcun bisogno di atteggiarsi a capricciose primedonne, come avviene spesso negli altri paesi, ma possono condurre una vita socialmente normale. Per quanto ne sappiamo, la vita di Botvinnik rispecchia questa regola.

In un tipo di cultura che coltiva questa tendenza, gli scacchi devono giocare un ruolo diverso nell'economia psichica individuale. Sarebbe legittimo cercare di sapere perché essi siano divenuti uno sport nazionale in Russia; ma dal momento che questo è un fatto, non è necessario indagare in profondità sulle ragioni per le quali il cittadino russo, come individuo, vi si applichi con tanta intensità. Egli semplicemente si adegua all'atmosfera che lo circonda. Il resto è una faccenda di talento innato.

Lo stile di Botvinnik è tipico dei maestri russi contemporanei. Parecchi anni fa egli scrisse un articolo sulla « Scuola scacchistica sovietica » (3), nel quale descrive questo stile. La sua caratteristica principale è la rispondenza dinamica a ogni nuova situazione che si presenti nel corso del gioco, in contrasto con la concezione 'capitalistica' più statica, che attribuisce la massima importanza all'apertura, al finale, all'attacco o alla difesa. Uno stile simile può facilmente essere considerato una trasposizione sulla scacchiera della sensazione di accerchiamento politico che hanno i russi e della costante necessità di tenersi pronti per ogni evenienza.

L'articolo di Botvinnik non descrive però parecchie altre caratteristiche che colpiscono invece un estraneo: il suo gioco (come quello degli altri russi) si basa più su una strategia di controffensiva che su una offensiva diretta. Questo potrebbe ben considerarsi il riflesso di una struttura sociale nella quale l'iniziativa individuale è ridotta al minimo.

Un'altra caratteristica stilistica alla quale Botvinnik non accenna è la debolezza nel mantenere una posizione difensiva statica, in cui mostrarono di eccellere maestri come Steinitz e Lasker. Questo potrebbe essere di nuovo una trasposizione sulla scacchiera dell'alternativa del 'o la va o la spacca' applicata alla realtà politica.

Potremmo attenderci, inoltre, che certi aspetti della personalità di Botvinnik si riflettano sul suo modo di giocare fino al punto da differenziarlo dagli altri maestri, ma non abbiamo abbastanza elementi per chiarire questo punto.

Possiamo ora tentare di rispondere ai tre quesiti dai quali siamo partiti, all'inizio di questo capitolo. I primi due – se cioè esista nel nucleo della personalità una qualche costellazione che sia comune a tutti i giocatori e quale parte abbiano gli scacchi nella vita di un particolare individuo – possono essere discussi insieme.

Per quel che riguarda il tipo di attività esercitata dai campioni si notano alcune somiglianze e alcune differenze. Anderssen e Lasker erano dei matematici, come Euwe; Botvinnik è ingegnere. Capablanca cominciò gli studi di ingegneria ma li abbandonò per dedicarsi agli scacchi. Pertanto, quasi la metà proviene dal campo matematico-scientifico. Questo concorda abbastanza con la statistica di de Groot (10), che raccolse dati sui quaranta principali maestri contemporanei.

Molte altre professioni sono comunque rappresentate tra i maestri di scacchi. Se una metà forse proviene dal campo scientifico in stretto rapporto con le scienze matematiche, l'altra proviene da altre attività: Ruy Lopez era un ecclesiastico; Philidor un musicista; Deschapelles un soldato; Lewis, McDonnel e Saint-Amant, uomini d'affari; Kolish un banchiere; Zukertort e Tarrasch medici; Buckle uno storico; Tartakower un poeta; il giovane maestro russo Taimanov è un pianista concertista; vi fu inoltre un maestro di nome Harmonist che danzava all'Opera di Vienna e persino uno che era lottatore professionista; un altro, infine, Sultan Khan, era servo in un feudo indiano e semianalfabeta; egli fa venire in mente quel campione di scacchi del racconto di Stefan Zweig *The Royal Game* (39), dove viene rappresentato come una specie di saggio idiota.

Se dividiamo in due gruppi i campioni di cui abbiamo parlato, notiamo che la struttura delle loro personalità mostra alcune evidenti somiglianze. In un gruppo metteremo Morphy, Steinitz, Capablanca e Alechin, che si consacrarono quasi esclusivamente agli scacchi e, per convenienza, li chiameremo gli eroi. Gli altri che col-

tivarono anche interessi diversi dagli scacchi saranno quindi gli anti-eroi.
Per il primo gruppo abbiamo scelto questa designazione di 'eroi' perché attorno a ciascuno di quei giocatori si creò un mito. Morphy viene considerato comunemente « il più grande giocatore di tutti i tempi »; Steinitz « il padre del gioco moderno »; Capablanca era noto come « il robot degli scacchi » e veniva presentato pubblicamente come colui che era diventato assoluto padrone del gioco; mentre di Alechin si parlava come del « più grande attaccante di tutti i tempi ».
È ovvio che tutti questi superlativi nascono dal bisogno del comune giocatore di scacchi di trovarsi un eroe da ammirare, ma è da aggiungere che in questo caso i campioni stessi facevano di tutto per venire incontro al desiderio dei loro adoratori e traevano le loro più intime soddisfazioni inconscie dai gruppi di idolatri che fiorivano intorno a loro. Anche il ritiro di Morphy dal mondo scacchistico si potrebbe forse spiegare con la considerazione che egli sapeva bene che, una volta tornato a giocare, il mito della sua invincibilità sarebbe andato distrutto.
Tutti questi uomini mostrarono considerevoli disturbi nella sfera emotiva. La malattia di Morphy fu, naturalmente, la più grave ed egli abbandonò l'attività scacchistica prima di ogni altro; sia Steinitz sia Alechin mostrarono innocue idee megalomani verso la fine della loro vita. Capablanca soffriva di ipertensione. [12]

12. Morphy, Alechin e Capablanca morirono tutti per colpo apoplettico tra i quarantacinque e i cinquantacinque anni, e ciò è con tutta probabilità da attribuire allo stato di enorme tensione in cui vissero.

Tutti e quattro svilupparono fino a un grado elevato quelle componenti del carattere, quali l'aggressività e il narcisismo, che secondo la nostra analisi scaturiscono naturalmente dal gioco stesso. Tutti avevano sotterranee fantasie di onnipotenza; quasi si identificavano alla lettera con il Re della scacchiera. La regressione a uno stadio ulteriore di fantasia onnipotente si impossessò di Steinitz dopo la sconfitta ad opera di Lasker; per altri venne dopo una serie di vittorie.

Tutti e quattro dovettero lottare duramente per conseguire i loro risultati: i desideri di grandezza non possono essere soddisfatti sognando semplicemente; i loro successi potevano essere conseguiti solo dopo una lunga e accurata preparazione. Tutto questo richiede molta forza da parte dell'io, e questo concorda, di nuovo, con quanto abbiamo detto nell'analisi teorica. Alcuni di loro, come Steinitz e Capablanca, potrebbero apparire, secondo il giudizio comune, più o meno normali. Solo un'analisi più raffinata riesce a portare alla luce i conflitti nevrotici che li affliggevano.

Tutti e quattro furono uomini molto dotati, che però non si curarono di utilizzare le proprie capacità in attività diverse dagli scacchi. Colpisce particolarmente la loro disposizione per le lingue: Alechin, Capablanca e Morphy parlavano correttamente molte lingue, mentre Steinitz, sebbene nato a Praga, divenne un maestro di prosa inglese.

La parte che gli scacchi ebbero nella vita di questi uomini è abbastanza evidente: essi servivano come strumenti di gratificazione alle loro fantasie di onnipotenza. Col passare del tempo, queste fantasie, che erano inizialmente sotto il controllo dell'io, furono sottoposte a un processo di libidizzazione e si estesero a zone sempre più vaste della personalità.

L'altro gruppo, quello degli anti-eroi, mostra, quasi in ogni senso, tendenze diametralmente opposte. Non fecero niente perché intorno alle proprie persone si creasse un mito, anche se avrebbero potuto ottenerlo facilmente. Sia Staunton sia Anderssen avrebbero potuto reclamare il titolo di campione mondiale, ma preferirono non farlo perché traevano altri motivi di soddisfazione dalla vita. Quando Lasker era vivo, ai critici piaceva dire che egli vinceva perché era fortunato o perché soffiava fumo negli occhi dell'avversario. Egli non si prese mai la briga di confutare queste fandonie.

A eccezione di Anderssen, tutti questi anti-eroi hanno a loro credito altri importanti risultati, oltre gli scacchi. Lasker, Euwe e Botvinnik hanno raggiunto posizioni equivalenti per grado a quella di professore universitario, e abbiamo già parlato della fama letteraria di Staunton.

Sempre in contrasto con il gruppo degli eroi, gli scacchi furono per loro una tra le altre attività intellettuali in cui raggiunsero gradi diversi di competenza. Ma, una volta riusciti a penetrare sotto la superficie, come abbiamo fatto con Staunton e Lasker, abbiamo visto che gli scacchi fornirono alla loro libido, e in particolare all'aggressività, uno sfogo che le altre attività intellettuali non erano riuscite a dare.

Per quel che riguarda il terzo quesito, quello cioè del rapporto tra personalità e stile scacchistico, potremmo senz'altro concludere che è sempre possibile individuare un legame evidente tra esperienze di vita e comportamento alla scacchiera. Non è comunque un legame che possa essere facilmente ridotto a una formula: in alcuni lo stile scacchistico è espressione diretta della personalità (l'uomo aggressivo che attacca); in altri è addirittura l'opposto (l'uomo aggressivo che si difende); in altri ancora il nesso è ancor più complesso.

IV

LA PSICOSI TRA I GIOCATORI DI SCACCHI

Vorrei ora esaminare alcuni casi di psicosi in giocatori di scacchi di cui sono venuto a conoscenza o che hanno attirato la mia attenzione, per vedere se essi possono gettare un po' di luce su quei conflitti nevrotici che di solito vengono repressi.

Il caso di Morphy è già stato discusso e abbiamo fatto cenno anche alle innocue fantasticherie di Steinitz.

Alcuni anni fa mi capitò di osservare un caso di collasso psicotico precoce in un giocatore il cui padre era egli stesso un esperto. Aveva ventidue anni ed era un artista di professione; la famiglia, però, non voleva che si dedicasse alla pittura e pretendeva che si mantenesse da solo. Per tutta la settimana durante la quale lo tenni sotto osservazione, dipinse solo facce di gatti.

In un periodo di grande inquietudine, decise di imbarcarsi come marinaio su un mercantile. Un sabato tornò e andò con un amico in un ristorante; improvvisamente toccò la mano dell'amico, e gli disse: « Io sono Dio ». Questo suo senso di esaltazione scomparve il giorno seguente, sostituito da un senso di ansia profonda e da alcune idee deliranti che avevano come oggetto gli scacchi. Pochi giorni dopo (si era nel 1947) raccontò questa storia: « C'è una guerra in corso tra gli Stati Uniti e la Russia. Il vero capo della Russia non è Stalin ma Botvinnik che è un ingegnere come mio fratello [aveva infatti un fratello più anziano di otto anni, che era ingegnere]. Andrò in Russia e batterò Botvinnik, conquisterò così il mondo per l'America. Mio padre conosce una variante con il Nero da me poi perfezionata, e Botvinnik non può battermi se giocherò questa variante col Nero; col Bianco poi lo batterò senza alcuna difficoltà ».

Il meccanismo del delirio scacchistico è qui chiarissimo. Il senso di onnipotenza infantile che aveva fatto la sua comparsa con l'idea delirante di essere Dio, fu trasposto sulla scacchiera: gli scacchi divennero così lo strumento mediante il quale egli poteva soddisfare il desiderio infantile. Botvinnik era una combinazione ideale di 'padre-fratello', perché era maestro di scacchi e al tempo stesso ingegnere, per cui sconfiggerlo significava uccidere i rivali 'padre-fratello'. Le facce di gatto che continuava a dipingere simboleggiavano con ogni probabilità la madre.

Questo tale aveva inoltre libidizzato i pezzi degli scacchi in modo originale. Diceva che il Re e la Regina potevano stare insieme sulla scacchiera solo perché vi erano due Alfieri * al loro fianco che sanzionavano l'unione. Ma anche con questa sanzione ufficiale non andava bene che il Re e la Regina stessero così vicini l'uno all'altro e all'apertura era necessario separarli al più presto possibile. Dopo aver superato la fase acuta della psicosi, il paziente si ritirò in campagna, dove provvide a se stesso in modo soddisfacente per qualche tempo.

Il maestro messicano Carlos Torre fu colpito da psicosi poco dopo aver raggiunto l'apice della sua grandezza. Era nato a New Orleans da geni-

* In inglese, come è noto, *Bishops*, cioè « vescovi » [*N.d.T.*].

tori messicani e all'età di undici anni si trasferì a New York. Ne aveva appena venti (nel 1925) quando si recò in Europa e partecipò con successo ad alcuni tornei internazionali. Al torneo di Mosca del 1925, nel giorno del suo compleanno, gli avvenne di sconfiggere Emanuel Lasker; si parlava già di lui come di una grande promessa, come di un possibile campione mondiale. Il governo messicano, che risentiva ancora l'effetto delle rivoluzioni iniziatesi nel 1910, richiamò Torre in Messico e lo ricompensò generosamente, promettendogli tutto l'appoggio necessario per la sua carriera scacchistica. Circa un anno più tardi, egli ebbe la prima crisi a New York. Si dice che mentre si trovava su un autobus nella Fifth Avenue si denudasse completamente. Dopo essere stato ricoverato in una clinica, fu rimandato a Monterrey nel Messico, dove da allora è vissuto, assistito dai suoi tre fratelli, tutti medici, e non ha più lasciato quella cittadina, né partecipato a tornei internazionali. Nel 1934 riprese a giocare per breve tempo a Monterrey e anche se il suo comportamento era chiaramente eccentrico, pure non mostrava alcun segno manifesto di psicosi. Dopo otto anni trascorsi lontano da competizioni si poteva pensare che il suo gioco avesse perso un po' di smalto; invece, dal punto di vista tecnico, egli aveva conservato gran parte della sua abilità.

Fra le eccentricità di Torre parecchie spiccano in modo particolare: non poteva dormire bene e, a quanto ha lui stesso affermato, non ha mai dormito più di due ore per notte; aveva una tale passione per i gelati all'ananasso che ne mangiava dieci o quindici al giorno; avvertiva i colleghi

di stare lontani dalle donne perché facevano spendere troppi soldi.
Il caso di Torre rivela alcune analogie con quello di Morphy che, all'incirca alla stessa età, tornò a casa, si rifiutò di lasciarla e di giocare a scacchi. Una fissazione di Morphy, come si ricorda, era che il cognato e un intimo amico, Binder, cospirassero per distruggergli gli abiti. La psicosi di Torre si rivelò quando sull'autobus si denudò completamente.
Durante un torneo tenutosi in Polonia, un maestro polacco di nome A. Frydman, preso da frenesia, sembra si sia messo a correre per tutto l'albergo senza alcun abito addosso, gridando: « Al fuoco! al fuoco! ».
Alcuni anni fa in una grande città europea, uno dei giocatori più forti apparve in un circolo scacchistico locale con un cappotto che lo copriva dalla testa ai piedi. Improvvisamente, lo aprì rivelando che non aveva niente addosso; fu ricoverato in una clinica dalla quale venne presto dimesso.
Negli esempi che abbiamo riportato alcuni casi di esibizionismo si manifestarono in forma psicotica, in altri, come per Alechin, si è parlato di esibizionismo eccentrico.
Verso la fine della sua vita (1929-1935), al maestro russo emigrato Aron Nimzovitch fu consigliato dal medico di fare più esercizio fisico. Egli procedette a mettere in pratica questo consiglio, eseguendo movimenti di ginnastica ritmica anche durante vere e proprie partite di torneo. Quando non stava a lui muovere, si ritirava in un angolo e faceva profondi piegamenti o cose simili. Diverse volte sconcertò gli spettatori mettendosi verticale sulla testa; nonostante queste

eccentricità, Nimzovitch conseguì i maggiori successi proprio durante questo periodo.
Il grande maestro polacco Akiba Rubinstein fu uno dei principali sfidanti al campionato mondiale che si disputò prima della prima guerra mondiale. Dopo la guerra egli fece vita sempre più ritirata e, in ultimo, finì con la fissazione paranoica che qualcuno lo perseguitasse. Se uno sconosciuto entrava nella sua stanza, egli si metteva a correre e saltava addirittura dalla finestra. Dopo il 1932 cessò ogni attività scacchistica e ogni contatto sociale.
I sintomi psicotici riscontrati in questi casi sono: paranoia, megalomania e esibizionismo (perdita del senso della realtà sociale). Non vi è un solo caso di omosessualità manifesta, di depressione psichica o di suicidio. La regressione di solito non va troppo in là e il ricovero in clinica è breve o non necessario.
Questi sintomi diventano spiegabili alla luce della nostra analisi teorica: la paranoia è l'espressione regressiva della paura di essere attaccati, la megalomania è uno stadio ancor più primitivo di narcisismo, e l'esibizionismo, particolarmente nella forma di esposizione del proprio corpo, rivela l'incapacità di tollerare più a lungo il tabù del contatto fisico ed è un tentativo dettato dall'impulso di rompere l'isolamento mostrando il pene reale invece di quello simbolico sulla scacchiera. L'assenza di gravi forme di depressione e di suicidi si spiega col fatto che il gioco riesce a dare sfogo all'aggressività. Inoltre, la struttura dell'io non permette l'omosessualità manifesta; l'io infatti mantiene una forza sufficiente per tenere a bada le regressioni più profonde.

Il gioco degli scacchi è una contesa tra due uomini che si presta particolarmente bene a esprimere quei conflitti che sono collegati all'aggressività. Le altre pulsioni della libido che scaturiscono dal gioco risalgono principalmente alle fasi di sviluppo fallico-anale. Generalmente, il gioco viene appreso nel periodo della prepubertà o della pubertà, e diventa parte della lotta dell'io per la conquista della maturità.

Il gioco si adatta con facilità a simboleggiare questi conflitti. La figura centrale è quella del Re, che, come pezzo, è fondamentale e al tempo stesso debole e da questa sua peculiarità hanno origine i suoi tre significati: il Re simboleggia il pene del ragazzo nella fase fallica, l'auto-immagine dell'uomo, e il padre ridotto a dimensioni infantili. Dal punto di vista sia tecnico sia psicologico il Re è unico e dà al gioco il suo carattere distintivo.

L'io del giocatore impiega molte difese intellettuali; si ha un'alterazione del pensiero e dell'azione piuttosto che una sostituzione del pensiero con l'azione. Per acquistare abilità si richiedono effettive capacità intellettive e l'io deve essere abbastanza integro da saperla sfruttare. L'aggressività è controllata mediante una profonda repressione: una dose considerevole di gratificazione narcisistica può scaturire dalla situazione di contesa individualizzata e dal simbolismo del Re.

Per molti aspetti l'io del giocatore di scacchi è l'opposto di quello dell'omosessuale manifesto. Può tollerare in notevole misura l'ansia, eliminare il bisogno di oggetti primari e neutralizzare le proprie energie istintive rendendosi disponibile per realizzazioni efficaci. La debolezza dell'io risiede principalmente in una accentuazione della componente narcisistica.

Gli scacchi offrono quindi alla libido e all'io gratificazioni diverse a diversi livelli: questo spiega perché non esista un ben definito 'tipo' di scacchista.

La precedente analisi della personalità dei nove campioni ha messo in luce l'esistenza di due diversi gruppi di personalità – gli 'eroi' e gli 'anti-eroi': i primi si servono degli scacchi per soddisfare fantasie di onnipotenza e rivelano, col passare degli anni, un grado maggiore o minore di regressione; le loro psicosi, comunque, non risultano mai particolarmente gravi. I secondi invece considerano gli scacchi come una qualsiasi altra sfida alle proprie capacità intellettuali. Nell'insieme, questi maestri che abbiamo chiamato 'anti-eroi' dimostrano di essere in grado di conseguire notevoli risultati anche in altri campi. Essi sono del tutto sani psicologicamente, e non manifestano i disturbi che affliggono quelli che abbiamo chiamato 'eroi'.

È plausibile che la personalità del giocatore medio sia simile a quella dei campioni, ed è probabile che riescano meglio coloro che posseggono una mentalità scientifica; in certi casi gli scacchi saranno strumentalizzati per gratificare le proprie fantasie di grandezza; in altri, saranno semplicemente uno dei tanti sfoghi intellettuali che differisce dagli altri in quanto offre alla libido una possibilità di gratificazione maggiore.

BOBBY FISCHER
EROE POPOLARE AMERICANO *

* Questo saggio e quello successivo su Spassky sono tratti dalla più recente opera di Fine, *Bobby Fischer's Conquest of the World's Chess Championship*, New York, 1973.

Con la vittoria su Boris Spassky del 1972 per il campionato mondiale, Bobby Fischer si è meritatamente riservato un posto tra gli immortali degli scacchi; ma anche lasciando da parte il suo talento scacchistico, egli è un uomo talmente stravagante e bizzarro che più di ogni altro campione precedente ha contribuito ad accrescere la popolarità del gioco, e la sua vittoria segna senz'altro una svolta importante nella storia degli scacchi.
Niente nei suoi primi anni di vita poteva indurre qualcuno a predire il suo grande futuro. Nato a Chicago il 9 marzo 1943 da un fisico di origine tedesca e da una madre svizzera (Regina, che era stata infermiera, quindi insegnante e più tardi dottoressa), Fischer ebbe un'infanzia infelice. I genitori si separarono quando aveva solo due anni, e da allora Bobby non ha più avuto notizie del padre, nemmeno quando giunse all'apice della fama. Né Bobby né la madre vogliono parlare di lui; nessuno del resto sa se sia ancora vivo o morto.
La madre, Regina, è una persona di per sé interessante e di forte carattere. Nata in Svizzera, fu educata a St. Louis, dove il padre esercitava il mestiere di sarto tagliatore. Dal 1933 al 1938 studiò medicina a Mosca, nel Primo Istituto Medico dell'Unione Sovietica, ma il diploma che le fu rilasciato non era valido negli Stati Uniti. Conobbe il padre di Bobby durante una vacanza in

Germania nel 1938. Divorziarono nel 1945 dopo la nascita di due bambini, Joan e Bobby, che ha cinque anni meno di lei.

Quando Bobby divenne famoso, la madre lo aiutò in tutti i modi possibili: fece del picchettaggio davanti alla Casa Bianca, apparve in spettacoli televisivi, preparò oggetti di bigiotteria col nome del figlio, tutto per sostenere le spese dei suoi viaggi all'estero.

Poi, nel 1961, tra madre e figlio si aprì una profonda spaccatura. Quell'anno essa partecipò a una marcia per la pace molto pubblicizzata da San Francisco a Mosca; rimase in Europa dove sposò il suo secondo marito, Cyril Pustan, insegnante di inglese in un college, e riprese i suoi studi di medicina. Nel 1968, a cinquantacinque anni, si laureò in medicina all'Università Friedrich Schiller di Iena, nella Germania orientale. Evidentemente, come Bobby, anche lei persevera fino a che non raggiunge la meta.

Il suo attuale marito è più giovane di lei di sedici o diciassette anni, più o meno l'età che aveva Bobby quando tra loro avvenne la rottura definitiva. In un'intervista concessa al « New York Times », essa ammise che il suo matrimonio era stato come « rapire un neonato »; d'altra parte, le era stata fatta un'offerta che non si era sentita di rifiutare.

Nessuno conosce la causa del conflitto tra lei e Bobby; né l'uno né l'altro ne vuol parlare, la sola cosa sicura è che a un certo punto dell'adolescenza di Bobby ci fu questo terribile scontro, e che da allora i due non si sono più rivolti la parola. Nemmeno quando Bobby vinse il campionato del mondo, che era stato il sogno di tutta la sua vita, la madre venne a congratularsi con lui.

Dopo il divorzio dal padre di Bobby, la signora Fischer si spostò in parecchie città americane, per stabilirsi finalmente a Brooklyn. Madre e figli avevano problemi di natura emotiva, e nel corso degli anni si formarono tra loro continue e gravi tensioni, che però emersero drammaticamente solo quando Bobby raggiunse l'adolescenza.

Quando aveva circa sei anni, Bobby ricevette in dono una scacchiera: quasi immediatamente il gioco divenne per lui l'essenza della vita, prendendo il posto della scuola, degli amici, della famiglia e perfino degli altri giochi. A sette anni giocò in una simultanea contro il defunto dottor Max Pavey, e fu la sua prima apparizione in pubblico. Perse irrevocabilmente, ma la sconfitta non gli impedì di sentire che avrebbe dovuto vincere: chiaramente già a quell'età accarezzava la speranza di diventare campione del mondo.

Lasciato a se stesso da una madre che doveva lavorare per mantenere la famiglia, sembra che Bobby abbia fatto ben poco oltre a giocare a scacchi dall'età di sei anni in poi. Questo spiega, almeno in parte, le evidenti eccentricità del suo carattere, che indussero Euwe a osservare durante l'incontro per il campionato mondiale: « Bobby vive in un altro mondo ». Nessuno sa cosa potrebbe fare se applicasse la sua mente a qualcosa di diverso dagli scacchi, ma non l'ha mai fatto e non mostra alcuna intenzione di farlo ora. Questa sua dedizione esclusiva agli scacchi ha portato un miglioramento costante della sua abilità: nel 1956, quando aveva solo tredici anni, vinse il campionato juniores degli Stati Uniti, e poiché

il campionato juniores comprendeva tutti i giocatori sotto i ventun anni, già questo fatto lo segnalò come una grande promessa.
Verosimilmente, questi successi sgomentarono la madre, che subito dopo venne a consultarmi, per vedere se si poteva fare qualcosa per convincere il figlio a non dedicare tutto il proprio tempo agli scacchi. Gli inviai copie dei miei libri ed ebbi alcuni colloqui con lui, quasi interamente limitati agli scacchi.
A ripensarci, sembra oggi un'ironia della storia che per poco uno dei due principali maestri di scacchi americani del ventesimo secolo non sia divenuto lo psicanalista dell'altro. Ma Bobby non era disposto ad accettare l'idea di venire aiutato: venne a trovarmi soltanto una mezza dozzina di volte e ogni volta giocavamo a scacchi per un'ora o due. Per mantenere un rapporto con lui, dovevo vincere e lo feci; evidentemente, a quel tempo, la sua forza non era ancora pari a quella raggiunta più tardi. Non rammento le partite, ma ricordo che egli non opponeva ancora una forte resistenza. La mia famiglia invece ricorda benissimo che dopo ogni incontro era, invariabilmente, furibondo e si limitava a borbottare che io ero « fortunato ».
Sperando di aiutarlo a svilupparsi in altre direzioni, un giorno gli chiesi, poco dopo il suo arrivo, che cosa stesse facendo a scuola, ma appena menzionai la parola « scuola » si infuriò: « Lei mi ha ingannato » gridò; uscì immediatamente e non si fece più vedere. Non solo ma, per anni, ogni volta che lo incontravo nei circoli o nei tornei, mi lanciava occhiate arrabbiate come se gli avessi fatto un male enorme tentando di essergli

un po' più vicino. Probabilmente oggi avrà dimenticato tutta questa storia.

Nella primavera del 1958, in occasione di un viaggio in Inghilterra, parlai di Bobby con Ernest Jones, il famoso analista, autore del celebre saggio su Paul Morphy. Questo avvenne prima che conoscessi personalmente il ragazzo. Jones rispose con una chiaroveggenza quasi profetica: « Lasciatelo fare; diventerà un secondo Paul Morphy ».

Per molti anni, alcuni giocatori vennero da me chiedendomi di fare qualcosa per aiutare Bobby a uscire dai suoi evidenti problemi personali. Nonostante il suo genio, dal punto di vista sociale era goffo, provocatorio, polemico e infelice. Alla fine però la sua concentrazione esclusiva sugli scacchi ha avuto la meglio; a quanto pare, nel suo caso, la migliore terapia sono stati proprio gli scacchi.

Per alcuni anni i suoi progressi nella carriera scacchistica ebbero un andamento addirittura verticale: benché dentro di sé fosse già sicuro di diventare un giorno campione del mondo — affermava addirittura di essere il più grande giocatore che fosse mai esistito — solo giocando poteva farsi strada. Alcune delle sue prestazioni erano ancora incolori; tutt'al più, indicavano che ci trovavamo in presenza di un giocatore di grandi speranze, ma la storia scacchistica è piena di giovani di grandi speranze, che si pavoneggiano sulla scena per un certo tempo e poi cadono a poco a poco nell'oblio. Perfino alcuni grandi maestri, come Tal e Keres nella nostra epoca, hanno raggiunto livelli molto alti, e poi sono rientrati nei ranghi dei grandi maestri principali, alla pari con molti altri. Anzi, nel caso di Fischer, le sue vanterie in un'età tanto acerba, prima cioè di aver realizzato qualcosa di veramente importante nel mondo degli adulti, indussero tutti a lamentare il suo « colossale egotismo ». Più tardi molti giunsero, in segreto o apertamente, ad ammirarlo proprio per questa caratteristica.

Nel 1957 gli si presentò la prima grande occasione: fu invitato a partecipare al campionato degli Stati Uniti, che era anche il torneo di qualificazione interzonale nella scalata al campionato mondiale. Il grande favorito era Reshevsky, ma erano presenti tutti gli altri maestri americani ancora in attività. Con sorpresa di tutti, eccettuato lui stesso, Bobby vinse il primo premio nel gennaio del 1958, poco prima del suo quindicesimo compleanno, e senza perdere una partita! Il suo era un gioco molto maturo: conoscenza completa delle aperture, solidità nel mezzo della partita, tecnica perfetta nei finali. Si rivelava qui un genio autentico, il secondo dopo la seconda guerra mondiale, il primo essendo stato il russo Mikhail Tal.

Non ancora quindicenne, dunque, Bobby era già considerato uno dei principali grandi maestri del mondo: il ragazzino complessato si era trasformato in un aspirante al campionato mondiale. Dentro di sé, campione del mondo lui si considerava già, agli altri doveva ancora dimostrarlo con la dura logica del punteggio.

Ci sarebbe voluta una scuola veramente straordinaria per insegnare qualcosa a questo adolescente, e quella di Erasmus Hall, da lui frequentata a Brooklyn, non era certo straordinaria; molti si chiedevano se fosse addirittura ordinaria. Non ci meraviglia quindi che Bobby l'abbandonasse subito con l'acido commento, simile ai

molti che seguirono, che « gli insegnanti sono tutti minchioni ».
Successivamente, la Erasmus Hall gli consegnò una speciale medaglia d'oro e Brooklyn organizzò una mostra commemorativa a lui dedicata nel proprio museo durante l'incontro del 1972. Ma non serve rifare la storia: la verità è che, allora, egli semplicemente abbandonò gli studi, ignorato dalle autorità, perplesso e incerto sul futuro che lo attendeva. E la carriera scacchistica sulla quale, a quindici anni, era ormai instradato era, in America, un campo particolarmente poco remunerativo per chi intendesse intraprenderla da professionista. Nessun maestro americano, da Frank Marshall in poi, era mai riuscito a guadagnarsi da vivere con gli scacchi per più di un breve periodo di tempo (Marshall aveva avuto la fortuna di ricevere in dono una casa da un patrono danaroso). Il quindicenne Fischer, che a quel tempo viveva con la madre, non si poneva ancora il problema di come guadagnarsi da vivere, come invece dovette fare più tardi; in ogni caso, egli seguì con determinazione la propria strada che doveva condurlo non solo a guadagnarsi da vivere, ma lo destinava anche a cambiare la natura di questa professione negli Stati Uniti.
Oltre a conseguire una vittoria strepitosa, egli aveva anche giocato (contro Donald Byrne) una partita passata alla storia come un immortale capolavoro, anzi, secondo alcuni, la partita del secolo. Questa vittoria lo qualificò per i campionati interzonali che dovevano disputarsi l'anno successivo a Portoroz, in Iugoslavia, e di colpo divenne una celebrità internazionale. I russi dimostrarono la loro preoccupazione al modo solito, screditando cioè le sue imprese: Botvinnik, che

per ragioni propagandistiche si era prestato a fare la figura dello sciocco scrivendo un saggio sulla « Scuola scacchistica sovietica », commentò del tutto inopportunamente: « La forza e la debolezza di Fischer risiedono entrambe nel fatto che egli è sempre fedele a se stesso e gioca sempre allo stesso modo, indipendentemente dall'avversario o da qualsiasi altro fattore contingente ». Un commento che si addice molto meglio allo stesso Botvinnik che non a Fischer.

Dopo qualche trovata pubblicitaria della madre, che riuscì così a mettere insieme il denaro occorrente per le spese di viaggio, Bobby giocò nel torneo interzonale di quell'anno (1958) a Portoroz. Prima del torneo rivelò al giornalista iugoslavo Radojcic quale sarebbe stato il suo piano per qualificarsi: « Cercherò di pattare con i grandi maestri, poi nel torneo c'è una mezza dozzina di brocchi che conto di battere ».

Alla resa dei conti il piano funzionò solo per un pelo: dopo un inizio incerto, egli prese quota, ma se pattare con i grandi maestri si dimostrò più facile del previsto, battere i « brocchi » si rivelò molto più difficile. Il suo compatriota Sherwin, che effettivamente non era della classe di Bobby, tenne duro per novanta mosse. Perfino il filippino Cardoso, da lui sconfitto in modo schiacciante in un incontro dell'anno precedente, oppose una resistenza talmente ostinata che la partita continuò per sessantadue mosse prima che Bobby potesse aggiudicarsela. Alla fine ce la fece, giungendo ex-aequo al quinto e al sesto posto e qualificandosi così per il torneo dei Candidati dell'anno successivo. Il punteggio, considerato notevole nel mondo scacchistico, lasciò Bobby

profondamente amareggiato e determinato a fare meglio alla prossima occasione.
Tra Portoroz e il torneo dei Candidati del 1959, Bobby partecipò a quattro tornei. Nel campionato degli Stati Uniti vinse di nuovo con grande facilità col punteggio di sei vittorie e cinque patte; ma la scena scacchistica internazionale era ora diversa. A Mar del Plata finì 3-4, a Santiago 4-7, a Zurigo 3-4. Evidentemente il suo « colossale egotismo » era adesso giustificato solo dalla sua età, non dai risultati: sulla scena internazionale i maestri e i grandi maestri apparivano ben altra cosa dalle pure nullità che gli americani sembravano essere per lui.
Ritengo comunque che anche in questo periodo i suoi risultati fossero inferiori alle sue reali capacità: i maestri stranieri, con la sola eccezione di pochi assi russi, non erano infatti molto più forti degli americani. La causa dei suoi bassi punteggi deve essere, con ogni probabilità, attribuita, oltre ai soliti conflitti adolescenziali, alle apprensioni e all'eccitazione di trovarsi in paesi nuovi senza amici o addirittura senza conoscere la lingua.
Venne poi la grande prova del torneo dei Candidati che si disputò in Iugoslavia e al quale parteciparono tutti i migliori giocatori del mondo a eccezione del detentore, che avrebbe poi dovuto giocare col vincitore. Bobby, ultra fiducioso come sempre, subì una severa battuta d'arresto: finì ex-aequo al quinto-sesto posto su un gruppo di otto. Sebbene fosse ancora il più giovane grande maestro della storia scacchistica, due volte campione degli Stati Uniti, e a quel tempo il miglior giocatore del mondo al di fuori dell'Unione Sovietica, egli considerò il risultato

come una sconfitta piuttosto che una vittoria. E la sconfitta è sempre stata un'amara pillola da inghiottire per Bobby, dalla sua prima partita in poi.

Il vincitore di quel torneo, Mikhail Tal, giunse ad avere la meglio su Botvinnik l'anno successivo, divenendo così il più giovane campione del mondo dai tempi di Paul Morphy.[1] Secondo la mia opinione, Tal è l'unico vero genio che abbia prodotto il mondo scacchistico sovietico da Botvinnik in poi, nonostante le pretese avanzate per altri. La forza dei russi è, storicamente, da ricercarsi nel gran numero di giocatori di prima grandezza che essi sono in grado di far giocare in ogni torneo, piuttosto che nella genialità creativa di chi sta al vertice. Come Fischer, Tal è un genio creativo, ma la sua superiorità non è durata a lungo: l'anno successivo perse la rivincita con Botvinnik e da allora egli è rimasto semplicemente uno dei tanti. Il suo declino è stato attribuito alla sua salute cagionevole, ma vi possono essere ragioni più profonde, che saranno chiarite quando parleremo di Spassky e degli scacchi in Russia.

Nel 1959 Fischer partecipò per la terza volta al campionato americano, che attualmente è noto anche come 'torneo Rosenwald'. Prima che il torneo iniziasse, rivelò pubblicamente l'altro lato della sua personalità, il Fischer eccentrico e primadonna. Pretese infatti che gli abbinamenti per il torneo fossero sorteggiati pubblicamente, appellandosi a un'oscura clausola della FIDE. In real-

1. Morphy fu considerato il più forte giocatore del mondo quando aveva ventidue anni, benché al suo tempo non esistesse ancora, ufficialmente, un campionato del mondo.

tà, a meno che qualcuno non cerchi di barare (ed è impossibile stabilire come ciò possa avvenire in un simile torneo), che il sorteggio sia fatto in pubblico o in privato non fa la minima differenza. Bobby arrivò sino al punto di lasciare che il comitato scegliesse chi lo avrebbe sostituito, prima di acconsentire finalmente a giocare. Fu il primo dei molti episodi analoghi che hanno contribuito a dare di lui un'immagine che ormai è passata alla leggenda.

Va da sé che egli vinse anche questo campionato americano con incredibile facilità. In pratica, nei tornei americani, a eccezione dell'incontro con Reshevsky, non ha più avuto avversari degni: ha vinto otto volte consecutive, cioè tutte le volte che vi ha partecipato. In quello che si tenne nel 1963-64 vinse tutte le partite, ciò che nella storia del gioco si era verificato soltanto una mezza dozzina di volte.[2]

Non per questo cessarono le idiosincrasie e le eccentricità soprattutto con gli avversari maggiori: in una partita contro Reshevsky, Bobby volle sul palco il proprio avvocato, per garantirsi contro ogni irregolarità; fece inoltre la sua comparsa quella sua peculiare fobia per l'illuminazione, che lo portò ad affermare che essa non è mai esattamente come la vorrebbe lui.

Poiché Reshevsky era stato la figura dominante nel mondo scacchistico americano dopo il mio ritiro, sembrava logico che un incontro tra lui e Fischer dovesse per forza aver luogo: finalmente

2. Nel 1940 a Dallas e nel 1941 a St. Louis io vinsi tutte le partite nel campionato americano 'open', mentre nel campionato nord-americano di New York vinsi con un punteggio di 10½ su 11, un'impresa qualitativamente pari, forse, a quella di Fischer.

ne fu organizzato uno nel 1961 dalla moglie del famoso violoncellista Gregor Piatigorsky. Qui, per la prima volta, Fischer non riuscì a dimostrare la sua superiorità sul principale avversario americano; pur avendo ottenuto risultati migliori di Reshevsky nei tornei, l'incontro a due si rivelò una cosa del tutto diversa. Dopo undici partite il punteggio segnava due vittorie, due sconfitte e sette patte — nulla di fatto, quindi; nel tentativo di dimostrare che egli era il migliore giocatore americano in incontri a due, Bobby aveva fallito. E, puntualmente, ecco che capita uno di quegli episodi che hanno contribuito a rendere famoso Bobby: la signora Piatigorsky, poiché aveva un altro impegno, pregò Bobby di cambiare l'orario di una partita. Al suo rifiuto, la partita in questione fu aggiudicata all'avversario. Senza dubbio il provvedimento avrebbe potuto essere revocato, ma Bobby piantò tutto, abbandonando definitivamente l'incontro. [3] La parte del premio in denaro spettante al vincitore fu assegnata quindi a Reshevsky. Dal punto di vista tecnico Bobby aveva perduto l'incontro, ciò nonostante la maggior parte della gente continuò

3. Nello scrivere questo libro molti ricordi della mia stessa carriera scacchistica mi sono tornati alla mente e mi diverte vedere come la storia si ripeta. Nella mia seconda partita con Reshevsky a Pasadena, nel 1932, dovemmo aggiornare l'incontro mentre io mi trovavo in una posizione che mi dava chiaramente partita vinta. La data della ripresa del gioco cadeva in un giorno festivo ebraico e fu perciò rimandata, nonostante le mie obiezioni. La data successiva fu fissata al mattino presto, e io mancai. Venni perciò squalificato in questa partita, nonostante le mie proteste. L'organizzatore del torneo, un certo dottor Griffith, mi prese da parte nella toilette e mi consolò con una buona dose medicinale di whisky (erano ancora i tempi del proibizionismo). Avevo allora 17 anni, circa la stessa età di Fischer quando incontrò Reshevsky.

a considerarlo migliore di Reshevsky, benché questi, maestro fin dall'età di sei anni, fosse nella sua fase discendente, mentre Bobby aveva ancora molta strada davanti a sé.
Anche nelle competizioni internazionali, come dimostra un attento esame dei risultati, Bobby si comportava in maniera piuttosto curiosa. Dopo il torneo dei Candidati del 1959 (che egli considerava una sua sconfitta), giocò in due tornei argentini nel 1960. Nel primo, a Mar del Plata, divise il primo premio con Spassky (un segno premonitore!), ma nel secondo, giocato tre mesi dopo a Buenos Aires, finì *tredicesimo*, il peggior risultato della sua vita. All'inizio della loro carriera anche Alechin e Keres ebbero simili alti e bassi. Per Bobby però una sconfitta alla scacchiera è qualcosa di più di una partita persa: è un'esperienza che sconvolge completamente la sua vita. Così, dopo quella volta, e per ben dieci anni, a eccezione dei tornei interzonali, ai quali doveva partecipare per forza se voleva concorrere al campionato mondiale, non si fidò più di giocare in un torneo internazionale veramente importante fuori degli Stati Uniti, fino al torneo di Buenos Aires del 1970, nel quale si piazzò al primo posto col magnifico punteggio di 13 vittorie e 4 patte (anche in questo caso però gli ultimi cinque classificati erano giocatori locali di second'ordine).
Sebbene Fischer chiedesse che fosse organizzato un incontro valevole per il campionato mondiale già all'inizio degli Anni Sessanta, Botvinnik, o meglio la gerarchia sovietica, non dette il suo assenso. (L'attuale regolamento della FIDE è stato adottato proprio allo scopo di impedire al campione in carica di evitare l'incontro con un

abile sfidante sollevando considerazioni di ordine finanziario o ideologico). Dopo il torneo iugoslavo del 1959, durante il quale Fischer aveva dimostrato la sua superiorità su tutti gli altri concorrenti occidentali, un incontro con Botvinnik avrebbe dovuto essere nella logica delle cose. Ma la Federazione Scacchistica Americana, che non è mai stata troppo generosa con i suoi maestri, non ebbe il coraggio di fare pressioni perché l'incontro avesse luogo; d'altra parte, Bobby da solo non poteva far niente. In un certo senso è stato meglio così, dato che tra il 1959 e il 1960 i pronostici sarebbero stati fortemente a favore di Botvinnik o di Tal (Tal aveva vinto tutte le partite contro Fischer al torneo dei Candidati).

Comunque, Bobby sapeva benissimo che se voleva giocare per il titolo doveva seguire il regolamento della FIDE; perciò prese parte all'Interzonale di Stoccolma del 1962 dove giunse primo col sorprendente punteggio di tredici vittorie e nove patte. La scena era ormai pronta per la successiva tappa verso il campionato mondiale: il torneo dei Candidati di Curaçao.

Fino ad allora i progressi di Fischer erano stati sorprendenti. Alcuni rovesci, come la sua incapacità di battere Reshevsky o la scarsa forma mostrata a Buenos Aires, erano inevitabili: chiaramente, si presentava come il fenomeno scacchistico degli Anni Sessanta.

A Curaçao, un'isola delle Indie Occidentali nota a molti americani come una località turistica calda e ospitale, Bobby, con il suo unico alleato Pal Benko, ungherese di nascita ma naturalizzato americano, dovette affrontare cinque grandi maestri sovietici e un cecoslovacco. Petrosian vinse il primo premio, soprattutto perché non perse neppure una partita e ne pareggiò diciannove su un totale di ventisette giocate; Tal si ammalò e dovette ritirarsi. Fischer si piazzò quarto con otto vittorie, sette sconfitte e dodici patte, dietro Petrosian, Keres e Geller. Fu un duro colpo alle sue mire, dato che ora egli doveva ripetere l'intera procedura per la qualificazione e attendere almeno tre anni per un incontro valido per il titolo.

La reazione di Bobby fu violenta. « I russi hanno manipolato il mondo degli scacchi » fu la sua sensazionale accusa, in uno dei pochi articoli che abbia mai scritto. Asserì che essi avevano cospirato fra loro per far vincere un russo e che il mondo degli scacchi era da loro controllato a tal punto che nessuno che non fosse russo sarebbe mai potuto passare.

Anch'io avevo avuto la stessa sensazione tra il 1946 e il '48 e questo sospetto fu una delle ragioni per cui allora mi ero ritirato dal torneo per il campionato mondiale. Anche altri giocatori in altri campi avevano mosso accuse simili: in quello stesso periodo, ad esempio, il bridgista Tobias Stone, che aveva iniziato come giocatore di scacchi, accusò i suoi avversari inglesi di barare, e ciò gli costò la sospensione di un anno dalle competizioni internazionali di bridge.

Bobby non solo sostenne che i russi concordavano i risultati delle partite prima di giocare, seguendo un piano globale dettato dall'alto, ma che durante il gioco si consultavano a vicenda. Poiché però sul palco non vi erano osservatori americani che sapevano il russo (in circostanze analoghe i russi di solito hanno sul palco alcuni 'osservatori' che capiscono l'inglese per impedire ai giocatori americani di consultarsi fra loro), non

vi sono prove per stabilire se l'accusa fosse fondata.
Vorrei comunque riferire alcuni episodi tratti dalla mia esperienza: al torneo internazionale di Folkestone nel 1933, gli americani si contendevano il primo posto con i cecoslovacchi, capeggiati da Salo Flohr, allora il più forte candidato al titolo mondiale. Alechin, che stava per partire per l'America, guidava la squadra francese; a parte lui, erano tutti dei brocchi. Invece di giocare contro i cechi, Alechin prese un turno di riposo dicendo che doveva prepararsi per il suo viaggio in America; invece, per tutta la durata dell'incontro rimase nella stanza da gioco e si potevano vedere i giocatori francesi avvicinarglisi e ingaggiare con lui animate conversazioni. 'Sorprendentemente' la squadra ceca ebbe un terribile rovescio e perse contro quella francese. Al torneo di Nottingham del 1936, mentre stavo giocando con Euwe, allora campione del mondo avendo sconfitto Alechin nel 1935, sia Alechin sia Capablanca, di loro iniziativa, mi vennero vicino durante la partita a suggerirmi le mosse, benché, naturalmente, io non glielo avessi affatto chiesto.
Barare durante gli incontri scacchistici non è quindi davvero insolito, per ragioni sia politiche sia passionali. Le accuse di Bobby a Curaçao, fondate o no, ebbero una grande risonanza nel mondo scacchistico: il compito di rispondere fu affidato a Keres. Che avessero scelto lui era in se stesso stupefacente, perché Keres, un estone che aveva visto il proprio paese devastato dai sovietici dopo la seconda guerra mondiale, era antisovietico in modo quasi fanatico. A Keres inoltre sarebbe spettato di diritto giocare un incontro

per il titolo con Botvinnik nel 1948, ma gliene fu negata l'opportunità, in parte per ragioni politiche. Il suo articolo sottintendeva che neppure lui era stato discriminato dai russi, per cui Fischer non aveva alcun motivo di protestare.

Ciò nonostante le proteste continuarono; la situazione si era fatta veramente esplosiva e, oltre tutto, l'Unione Sovietica si trovava, proprio allora, in pieno disgelo post-staliniano. Il colmo fu quando venne negata a Botvinnik la possibilità di una rivincita con Petrosian, che gli aveva tolto il titolo nel 1963; ciò lo indusse a ritirarsi dalla carriera scacchistica all'età relativamente giovane di cinquantadue anni, e anch'egli ebbe a ridire sull'eccessiva difficoltà dell'impresa di ripartire da capo, secondo le norme imposte dalla FIDE.

Nonostante tutte le macchinazioni politiche, la FIDE cambiò finalmente il regolamento, per dare maggior spazio ai non-russi e togliere ai giocatori russi qualsiasi possibilità di collusione, una volta superato il livello dei tornei interzonali. Incontri prestabiliti tra i principali giocatori rimpiazzarono il vecchio sistema ormai inaccettabile ai più.

Bobby tuttavia non fu soddisfatto: dichiarò apertamente che non avrebbe più giocato in un torneo della FIDE, che il miglior giocatore del mondo era lui e che si doveva organizzare un incontro nel quale lo avrebbe dimostrato. Poiché le sue richieste vennero respinte, si ritirò dai tornei FIDE, come aveva annunciato. Al torneo interzonale di Amsterdam del 1964 non si presentò affatto, nonostante avesse ricevuto offerte allettanti, e all'olimpiade di Tel Aviv del 1964 richiese una borsa di 5000 dollari per giocare, sa-

pendo bene che gli sarebbe stata rifiutata; così non vi partecipò.
Finalmente, in occasione del torneo di Sousse, in Tunisia, tornò sulla sua decisione ma, benché conducesse l'incontro con ampio margine e fosse quasi certo del primo premio, dopo dieci turni scoppiò una disputa sulle sue pratiche religiose (qualcosa di simile allo scontro con Reshevsky nel 1961) e poiché non si presentò, fu squalificato. Si sa che ogni tentativo di risolvere la questione fu bloccata dal comitato della FIDE, allora presieduto da un avvocato svedese, che a quanto si diceva era filosovietico. Anche questa volta Bobby agì in maniera insensata, e abbandonò il torneo, benché, pur accettando tutte le squalifiche, risultasse primo comunque. Qualcosa di simile accadde anche nell'incontro con Spassky per il campionato del 1972, ma fortunatamente all'ultimo momento decise di rimanere, e vinse.
Nel 1962, quando era già una celebrità internazionale, apparve su « Harper's » un articolo su di lui dello scrittore Ralph Ginzburg, che suscitò grande interesse perché illuminava la sua personalità più di qualsiasi altra cosa prima pubblicata.
Dopo aver affermato che mai un campione di scacchi aveva suscitato tanta ammirazione o tanta antipatia, Ginzburg riportava ancora l'ormai nota vanteria di Bobby: « So che merito di essere campione del mondo e so anche di poter battere Botvinnik. Al mondo non c'è nessuno che io non possa battere ».
L'intervista cui si riferiva l'articolo di Ginzburg era stata fissata per le tre; alle quattro Bobby telefonò che non se la sentiva di venire ma, pas-

sata un'altra ora, improvvisamente comparve (prima anticipazione di come si sarebbe poi comportato anche in occasione dell'incontro con Spassky, dove si presentò in ritardo quasi tutte le volte).

Fischer fu estremamente aperto e sincero con Ginzburg, che citò numerose frasi dell'intervista, l'ultima concessa da Bobby a un giornalista serio. Questi gli riferì che Lisa Lane lo considerava il più grande giocatore vivente. « L'affermazione è esatta, » replicò Bobby « ma Lisa Lane non è in grado di valutarlo. Le donne sono deboli, tutte le donne lo sono; sono stupide, se paragonate agli uomini e non dovrebbero giocare a scacchi, ecco. Sono come principianti, e contro un uomo perdono sempre. Non esiste al mondo una donna alla quale non potrei dare il vantaggio di un Cavallo e vincere lo stesso ».

Alla domanda se pensava di essere il più grande giocatore di tutti i tempi, Bobby rispose: « Bene, non mi piace che si stampino queste cose, suona un po' egotistico, ma la risposta alla sua domanda è sì ».

Richiesto poi di come avesse fatto a mettere insieme un reddito calcolato allora sui cinquemila dollari l'anno, non lesinò critiche agli altri giocatori. « La colpa è dei giocatori stessi [se mancavano sovvenzioni da parte dei milionari]. Non so com'erano un tempo, ma oggi non sono certo dei signori. Quando il gioco veniva giocato da aristocratici, ecco, possedeva più dignità. Avevano circoli dove a nessuna donna era permesso entrare e tutti indossavano vestito e cravatta, come dei gentiluomini. Ora, perfino nel miglior circolo scacchistico, i ragazzini entrano correndo con le loro scarpe di tela – e ci sono anche donne. È divenuto un qualsiasi luogo di ritrovo dove la gente fa chiasso, un vero manicomio ». Ce l'aveva anche con gli ebrei, benché anche lui sia per metà ebreo e per l'altra metà di origine ignota. « Sì, troppi ebrei giocano a scacchi. Mi pare che abbiano declassato il gioco. Ecco, hanno l'aria di non vestirsi abbastanza bene. Ecco quello che non mi piace ».

Dopo aver parlato della sua rottura con la madre, l'anno precedente, obbligandola a lasciare l'appartamento di Brooklyn, Bobby descrisse un giorno qualsiasi della sua vita: « Spesso viaggio: Europa, Sud America, Islanda. Ma quando sono a casa, non so, non faccio molto. Magari mi alzo verso le undici; mi vesto, do un'occhiata a qualche libro di scacchi, scendo e mangio. Non cucino mai i miei pasti, no, non mi piace proprio, non mangio neppure nei self-services o nelle tavole calde. Preferisco avere un cameriere. Buoni ristoranti. Dopo mangiato, di solito, telefono a qualche mio amico scacchista, studiamo e analizziamo una partita o qualcos'altro. Poi magari vado a un circolo scacchistico, quindi a vedere un film o da qualche altra parte. Davvero non ho niente da fare. Non so, magari studio un libro di scacchi ». A proposito della metropolitana, disse: « Sì, per disgrazia [me ne servo]. È una porcheria: i ragazzini vedono che ho delle belle scarpe e cercano di pestarci sopra per dispetto. La gente viaggia con indosso abiti da lavoro, si pigiano dentro come animali, è terribile. Stanno lì seduti e ti fissano al di là del corridoio, è incivile ». (Evidentemente fu proprio questa paura di essere guardato che lo mise in difficoltà con le macchine fotografiche in Islanda).

Parlando dei vestiti disse: « Sì, mi sono vestito

male fin quasi a sedici anni, ma sembrava che la gente non avesse abbastanza rispetto per me, ecco. Anche loro, a modo loro, erano dei vanesi. Dicevano: lui ci batte a scacchi, ma è pur sempre un ragazzotto rozzo. Perciò decisi di vestirmi bene ». Affermò che i suoi vestiti erano tutti fatti su misura, che aveva diciassette abiti fatti a mano, cinque paia di scarpe ungheresi su misura a cento dollari il paio, senza contare quelle di confezione, camicie da venticinque dollari l'una e così via. « Mi piace vestirmi con classe » spiegò.

Alla domanda se avesse altri interessi oltre gli scacchi e i vestiti, rispose di no. Poco tempo prima si era dato allo judo, ma poi ci aveva rinunciato. Considerava la lettura della mano una scienza esatta, affermando che anche dalle sue mani risulta chiaro che egli ha una mente duttile e un animo indurito dalle avversità.

Non credeva in Dio: come Nietzsche, pensava che la religione servisse a ottundere i sensi dell'uomo (più tardi cambiò opinione).

Visto che aveva tante e così evidenti idiosincrasie, Ginzburg gli chiese se esisteva una categoria di persone che ammirasse senza riserve. Dopo una breve pausa Bobby rispose: « Mah, non so... Aspetti! Ecco: gli aristocratici! Ammiro gli aristocratici, sa, i milionari, ma i milionari come dovrebbero essere, non come sono. I milionari europei, i francesi ad esempio, non gli americani che non si distinguono dalla gente comune e alcuni di loro guidano addirittura delle Chevrolets. Vestono in modo trascurato come se avessero paura di essere notati. Dovrebbero essere di modello agli altri, invece vestono come pezzenti, ecco ». Ammise di non aver mai conosciuto questa gente, ma di averne soltanto sentito parlare nei libri, per esempio *The Tale of Two Cities* di Dickens.

Usciti dall'ufficio di Ginzburg, i due si fermarono a una tavola calda per mangiare un boccone. Bobby ordinò un pezzo di torta alla crema e alle noci, biscotti al burro e una complicata bevanda ghiacciata all'ananas. Quando ebbe finito di mangiare il dolce, Ginzburg accennò che quel posto era gestito da omosessuali. Bobby ne fu costernato, disse della sua bevanda: « Forse ci hanno messo dentro qualcosa, è meglio che non la beva ». E rifiutò di prendere qualsiasi altra cosa.

Prima che si salutassero, Ginzburg gli chiese che cosa avrebbe fatto se fosse diventato campione del mondo. Questo condusse a una serie di interessanti fantasticherie.

« Prima di tutto farò il giro del mondo, esibendomi in estemporanee; chiederò compensi senza precedenti, fisserò nuovi standards, farò pagare migliaia di dollari. Poi tornerò a casa su un lussuoso transatlantico, in prima classe. Mi farò confezionare in Inghilterra un abito da sera. Quando tornerò a casa scriverò un paio di libri sugli scacchi e comincerò a riorganizzare tutto il gioco. Avrò il mio club privato: il Club di Bobby Fischer... no, di Robert J. Fischer. Sarà un club di classe. Tornei in abito da sera. Non vi saranno pezzenti. Per entrare dovranno avere più di diciotto anni, a meno di non avere un permesso speciale per talenti eccezionali. Sarà situato in una parte della città ancora decente, come l'Upper East Side.

« Nel mio club organizzerò grandi tornei internazionali con premi elevati. Caccerò fuori dagli ambienti scacchistici tutti i milionari, a meno che non siano più generosi. Poi comprerò un'automobile, così che non dovrò più prendere la metropolitana, che mi fa venire la nausea, una Mercedes-Benz, no, meglio una Rolls-Royce, uno di quei modelli su misura da cinquantamila dollari, fatto apposta per me. Forse mi comprerò uno di quei jets di cui fanno la pubblicità per gli uomini d'affari e uno yacht. Flynn aveva uno yacht. Mi farò fare più abiti; mi piacerebbe essere nell'elenco dei dieci uomini meglio vestiti del mondo. Questo sarebbe davvero qualcosa. Ho letto che è stato il duca Snider a fare questo elenco.

« Poi mi farò costruire una casa, non so dove, ma non sarà certo al Greenwich Village: là sono tutti animali sudici e sozzi. Forse me la farò costruire a Hong Kong. Tutti quelli che ci sono stati dicono che è meraviglioso. Lo ha detto anche Art Linkletter alla radio, e vi si possono acquistare abiti bellissimi per soli venti dollari. O forse me la farò fare a Beverly Hill; la gente là è conformista, ma il clima è buono, poi è vicino a Las Vegas, al Messico e ad altri posti. Io mi sono fatto delle idee precise sulla mia casa, mi rivolgerò a un architetto e me la farò costruire a forma di torre. Sì, così la voglio. Di classe. Scale a spirale, parapetti, tutto. Voglio passare il resto della mia vita in una casa fatta esattamente come una torre ».

Quello che va dal 1962, dopo il torneo di Curaçao, al 1970, anno della sua ricomparsa sulla scena mondiale, fu nella carriera di Fischer un periodo di parziale ritiro dall'attività competitiva. Sembrava riluttante a giocare fuori degli Stati Uniti, dove continuava comunque a vincere tutti i campionati, benché non si fosse più organizzato un incontro tra lui e Reshevsky.

Le sue dichiarazioni pubbliche riflettevano sem-

plicemente l'opinione grandiosa che aveva di se stesso. Nel 1964, quando fece un elenco dei dieci migliori giocatori del mondo, omise il nome del campione precedente, Botvinnik, quello di Emanuel Lasker e di altri grandi giocatori. Naturalmente parlò con grande entusiasmo di Morphy, e affermò che avrebbe potuto batterlo, sottintendendo così di essere il miglior giocatore di tutti i tempi. Allora Bobby era soltanto uno di una dozzina forse di grandi maestri, ciascuno dei quali era in grado di vincere il titolo mondiale.
Riusciva a sbarcare il lunario probabilmente solo perché era scapolo e le sue necessità erano minime. La sua vita privata era avvolta nel mistero; dopo la famosa intervista con Ginzburg ebbe il buonsenso di non parlare più con giornalisti. Alla sua rottura con la madre, che si trasferì in Inghilterra, abbiamo accennato sopra.
L'avversione di Bobby per le donne è ormai leggendaria: una volta rifiutò addirittura di partecipare a un torneo perché vi era stata invitata la campionessa femminile Lisa Lane. L'unica donna il cui nome sia stato fatto insieme al suo è una certa misteriosa signora Grumette di Los Angeles, vecchia abbastanza da essere sua madre. E se, come nel suo caso, la madre sposa un uomo tanto giovane da esserle figlio e il figlio si unisce a una donna che per età potrebbe essere sua madre, non è necessario essere un greco per capire che ci troviamo in presenza di un notevole complesso edipico.
Verso la fine degli Anni Sessanta, improvvisamente si convertì, unendosi a una setta nota come la Worldwide Church of God, fondata quarant'anni fa nell'Oregon: è una mescolanza di giudaismo vetero-testamentario e di fondamentalismo

avventista. Impone la dieta ebraica e le prescrizioni del Sabato, e predica l'imminente ritorno di Gesù Cristo per istituire un superorganizzato governo mondiale. Sembra che egli segua fedelmente le prescrizioni della sua chiesa e che le elargisca il venti per cento del suo reddito.
Le conversioni religiose improvvise sono state a lungo oggetto di indagine psicologica, e in generale si pensa che facciano parte della ricerca di un padre. Dato che Fischer non ha mai avuto rapporti col padre, anzi, non l'ha più visto dopo il divorzio, il suo desiderio di averne uno attraverso un gruppo religioso diventa comprensibile. Oltretutto, poiché l'agonismo scacchistico presuppone un attacco continuo alla figura paterna, sia realisticamente sia simbolicamente, è probabile che, per lui, trovare un padre indistruttibile fosse molto importante.
Quanto a me, i miei contatti con Bobby Fischer sono stati sporadici e superficiali. Una volta ci incontrammo per caso in un circolo scacchistico e giocammo alcune partite estemporanee: con mia sorpresa furono trascritte da qualcuno che era lì presente e Bobby ne pubblicò perfino una nel suo libro *My Sixty Memorable Games.* Trascrivere partite estemporanee è inaudito ai nostri giorni; è significativo che l'ultimo che lo abbia fatto sia stato Morphy. Nella trascrizione di tutte le sue partite, pubblicata di recente, questa non è compresa. Se ricordo bene, il punteggio finale fu leggermente in suo favore.
Verso la metà degli Anni Sessanta, Fischer mi interpellò offrendomi di collaborare con lui alla stesura di un libro. Aveva da suggerire molte nuove varianti di apertura e voleva pubblicarle. Io sapevo scrivere e lui si offerse di aggiornare

il mio volume *Practical Chess Opening*. L'ampiezza della sua erudizione e il suo fervore erano in verità sorprendenti. Perfino l'austriaco Gruenfeld, al quale usavamo di solito riferirci per quel che riguarda le aperture, ne sapeva meno di lui. Sembrava che Bobby avesse analizzato in profondità tutte le aperture che si trovano nei libri. Lo sollecitai a mettere assieme tutte le mosse, mentre io avrei scritto le introduzioni; i miei impegni professionali non mi concedevano maggior tempo. « Perché non li lasci perdere? » fu il suo unico commento. Si rifiutò di iniziare il lavoro di trascrizione delle mosse: se non scrivevo il libro insieme con lui l'affare andava a monte. Allora, curioso di sapere come si guadagnasse da vivere, gli chiesi quanto si facesse pagare per una esibizione simultanea. « Cinquecento dollari » rispose. « E ne dai molte per un compenso così? ». « No, » rispose « è troppo alto, perciò nessuno mi invita, ed è meglio così ».

Verso il 1970, riuscì in qualche modo a superare il risentimento per la sconfitta di Curaçao e decise di tentare di nuovo seguendo i regolamenti della FIDE; si era finalmente reso conto che il suo ostinato rifiuto di giungere a un compromesso lo avrebbe condotto in un vicolo cieco. Sebbene non avesse preso parte al precedente campionato degli Stati Uniti a causa della sua assurda richiesta che ogni giocatore giocasse una volta col bianco e una col nero con ciascun avversario, gli altri concorrenti gli permisero cavallerescamente di partecipare al torneo di qualificazione interzonale a Palma di Maiorca. E fu subito evidente che Bobby era salito di un altro gradino sopra i suoi avversari. Negli ultimi cinque turni vinse tutte le partite, il resto è storia:

le due vittorie per sei a zero contro Taimanov e Larsen, e quella per 12½ a 8½ con Spassky.
Per valutare una personalità così complessa come quella di Fischer, nei suoi rapporti col mondo degli scacchi, ci sembra opportuno analizzarne separatamente gli aspetti di maestro di scacchi, di campione, di semplice essere umano, di simbolo e di sportivo.

FISCHER COME MAESTRO DI SCACCHI

Il primo quesito su Bobby Fischer, una volta divenuto campione del mondo, riguarda naturalmente la sua collocazione rispetto ai grandi nomi del passato.
Benché il campionato del mondo esista fin dal 1866, cioè da centosei anni, * in tutto questo periodo soltanto cinque giocatori sono stati i veri dominatori: Steinitz per 28 anni (1866-1894), Lasker per i successivi ventisette (1894-1921), Alechin per diciannove (1927-1946, a eccezione del breve periodo 1935-37 durante il quale fu campione Euwe), Capablanca per sei e Botvinnik per quindici (1948-1963, con parecchie brevi eccezioni quando furono campioni Smyslov e Tal).[4]
È indubbio che in termini di abilità tecnica Fischer deve essere annoverato tra questi giganti, ma a tutt'oggi non esiste motivo di ritenerlo mi-

* Il presente saggio di Fine è del 1973 [*N.d.T.*].
4. È meglio tralasciare il periodo antecedente a Steinitz: Morphy, ad esempio, poteva dare ai più forti avversari il vantaggio del Pedone e del tratto e a quelli di medio livello addirittura il vantaggio di un Cavallo, una cosa, questa, che da allora non è stata più possibile.

gliore di loro quando erano al massimo della forma. D'altro canto, è senz'altro possibile che in futuro egli possa ancora progredire, come ha fatto nell'incredibile accelerata del 1971-72.

Ciò che in Fischer è sempre stato sorprendente, anche quando aveva solo quindici anni, è la maturità del gioco: maestro completo delle aperture, esperto tattico nel mezzo, acutissimo nel finale. Nessuna debolezza apparente, se escludiamo la sua instabilità emotiva, la quale però gli è costata molti punti, alcuni anche nell'incontro per il campionato del mondo.

Il suo atteggiamento verso gli scacchi ricorda senz'altro quello di Lasker, che considerava la vita una lotta di cui gli scacchi erano un aspetto. Fischer ha infatti affermato: « Per me gli scacchi somigliano alla pallacanestro: i giocatori si passano la palla finché non trovano un varco, come negli scacchi, proprio come in un attacco che porta al matto ». Si gioca finché non si trova un varco, allora si colpisce l'avversario con tutto ciò di cui si dispone: questa fu chiaramente la sua strategia nell'incontro del 1972, una strategia che gli fece ottenere una ben meritata vittoria.

D'altra parte, se lo mettiamo a confronto con gli altri cinque campioni, possiamo notare notevoli differenze. Steinitz visse in un periodo nel quale di scacchi non si capiva ancora molto; si prefisse lo scopo di fissare i princìpi fondamentali del gioco e di mostrare come essi dovessero essere applicati. Più che uno sportivo, Lasker era un intellettuale: per lui gli scacchi erano soltanto una delle molte attività interessanti dell'esistenza.

Forse, quello che assomiglia di più a Fischer è Alechin. Dopo la rivoluzione del 1917 e la sua partenza dall'Unione Sovietica, gli scacchi diventarono per Alechin l'unica occupazione della sua vita. Come Fischer, anche lui si esercitò per anni allo scopo di battere un avversario pericoloso, nel suo caso Capablanca. Tra loro c'è però una differenza importante: mentre lo scopo principale di Alechin era non soltanto vincere, ma praticare sempre un bel gioco, quello di Fischer è semplicemente vincere, anche se poi, nel corso del gioco, egli sa inventare delle magnifiche partite.

Appena divenuto campione, Capablanca perse interesse per gli scacchi: non è probabile che questo capiti a Bobby. Per Botvinnik gli scacchi furono sempre secondari rispetto al suo maggior interesse, che era l'ingegneria elettronica (non a caso ha inventato un computer per gli scacchi), inoltre si considerava un prodotto del sistema sovietico, come si deduce da quel suo inutile articolo sulla « Scuola scacchistica sovietica ».

Fischer è un caso a sé, perché si è dato agli scacchi più di ogni altro suo predecessore: mangia, pensa e respira pensando soltanto agli scacchi. Questa sua dedizione totale al gioco lo ha portato a dare un grande contributo alla teoria delle aperture, ma soprattutto lo ha sostenuto in quello sforzo tremendo che è necessario per divenire campione mondiale: e in verità non si può non ammirare l'ostinazione cocciuta con la quale si è portato alla vetta.

D'altro lato, Fischer vive in un'epoca in cui le possibilità di introdurre nel gioco innovazioni importanti sono molto limitate. Steinitz rivoluzionò tutte le aperture per mettere gli scacchi su un piano scientifico. Lasker non si dava pensiero delle aperture: quando si trovava davanti alla

scacchiera, giocava. Alechin, che una volta mi confessò di dedicare quattro ore al giorno allo studio del gioco, era ricco di innovazioni sorprendenti e ingegnose. Botvinnik introdusse alcune importanti novità, sebbene non fosse molto ferrato in tutte le aperture.
Nel frattempo però una schiera di maestri e di studiosi, molti dei quali di prim'ordine, hanno scrutinato a fondo tutte le aperture esistenti. Il gioco è stato analizzato esaurientemente fino alla ventesima mossa, e introdurre nuove idee e nuove varianti diventa sempre più difficile. Fischer primeggia nella correzione dei vecchi errori; tuttavia, come ha dimostrato anche l'incontro per il campionato del mondo, la realtà della situazione attuale pone dei limiti al suo repertorio di innovazioni. Non basta introdurre una nuova mossa, deve anche essere buona e, in realtà, a un attento esame di questo incontro, risulta che Spassky ha dimostrato maggiore originalità di Fischer nelle aperture, solo che poi ha gettato al vento la vittoria in un momento di debolezza. Fischer ha vinto soprattutto per la sua tattica superba: come aveva detto, si passa la palla finché non si trova un varco. Ha avuto anche l'intuito di capire che non basta disporre di un'enciclopedia che indichi quali siano le mosse migliori da farsi; il vero giocatore deve anche saperle trovare sopra la scacchiera. Così ha studiato e ristudiato le aperture finché non sono divenute una sua seconda natura. Qui però si cela uno dei suoi punti deboli, che fu sfruttato da Spassky, e potrebbe esserlo anche da un futuro avversario: può essere attirato in una variante finora ritenuta sicura, ma per la quale l'avversario tiene in serbo una brillante risposta.

Tra i molti miti fioriti attorno a Fischer vi è quello che egli non gioca mai per pattare, ebbene, un'attenta analisi del suo stile mostra che è vero quasi il contrario. Egli sceglie sempre, o cerca di imporre, aperture nelle quali abbia una posizione di facile parità. Una volta che la partita si svolge su un piano pari, comincia a lanciare la palla qua e là, mettendo l'avversario in condizione di compiere un errore, ciò che capita abbastanza spesso. Una delle caratteristiche peculiari del suo stile è appunto quella di rischiare poco; per questo rispetto si trova in netto contrasto con Alechin, Keres e, tra i contemporanei, Tal. Egli possiede un intuito speciale per scegliere aperture che gli daranno alcune mosse vincenti, e dove i rischi sono minimi.
La sua forza più grande risiede forse nella rapidità e ferocia con la quale punisce qualsiasi errore: una volta in sella, corre dritto allo scopo con spirito vendicativo. Evidentemente questo gli dà anche un grande piacere personale; come disse al giornalista televisivo Dick Cavett: « Mi piace vederli dibattersi ».
Tuttavia, con tutto il rispetto per il genio di Fischer, sarebbe un grave errore considerarlo un fuoriclasse senza rivali. Il gioco degli scacchi non lo consente più. Perfino nell'incontro per il campionato del mondo, mentre nelle prime dieci partite Spassky ottenne soltanto 3 punti e mezzo, uno dei quali per squalifica dell'avversario, nelle dieci successive ottenne il pareggio: una vinta, una persa e otto patte. Con un po' più di fortuna e meno errori (come ad esempio nella quattordicesima, quando gettò via una vittoria sicura, o nella decima quando scartò una patta scontata), egli avrebbe anche potuto vincere.

La psicologia dello sfidante è del tutto diversa da quella del detentore del titolo: lo sfidante è il figlio che affronta il padre e una volta seduto sul trono diventa il padre. Come si comporterà Bobby nessuno lo sa; non è il solo al mondo a voler raggiungere la vetta, anzi neppure l'unico genio vivente, e i maestri sanno dare la caccia al campione mondiale. Rimane quindi da vedere come se la caverà contro la generazione più giovane. Tuttavia, è ozioso chiedersi per quanto tempo Fischer rimarrà campione. Prima di tutto la storia insegna che subito dopo che un nuovo campione vince il titolo, ecco che sale alla ribalta un qualche sconosciuto che a sua volta diventa il principale sfidante e infine il campione. Quando Anderssen vinse a Londra il primo premio nel 1851, sconfiggendo Staunton per il titolo mondiale, Morphy era sconosciuto; quando Morphy batté Anderssen nel 1858, Steinitz era sconosciuto; quando Steinitz sconfisse Anderssen nel 1866, il nuovo sfidante Zukertort era sconosciuto; quando Steinitz giocò con Zukertort dopo il 1880, Lasker era sconosciuto; quando Lasker batté Steinitz, Capablanca era sconosciuto e così via fino a Fischer. Quando Botvinnik vinse il titolo nel 1948, Fischer, il suo vero successore in un certo senso, era sconosciuto. Senza dubbio nei prossimi cinque, dieci anni, un giocatore nuovo si farà avanti a sfidare Fischer, ma chi sarà nessuno può dirlo.

A parte ciò che ci riserva il futuro, neppure la superiorità di Fischer sui suoi attuali rivali è del tutto sicura. Come rivela un accurato esame della sua carriera, è solo in questi due ultimi anni che egli si è innalzato di molto sui suoi avversari, ma anch'essi possono decidersi di applicarsi più intensamente e progredire. In questo modo Alechin sconfisse Capablanca dopo aver ottenuto per molti anni risultati inferiori a quelli dell'avversario, e così fecero Euwe con Alechin, e Tal e Smyslov con Botvinnik. Teoricamente, se a Spassky fosse concessa la possibilità di una rivincita (che sembra improbabile), egli potrebbe capovolgere la situazione, come in occasione del loro ultimo incontro è successo nelle seconde dieci partite dopo il disastroso inizio delle prime dieci. Per tutta la sua vita Fischer è stato il peggior nemico di se stesso. È poco meno che miracoloso che le sue stravaganze non abbiano portato all'annullamento dell'incontro. Il suo gioco non è stato per niente di altissimo livello, e in un altro incontro il suo futuro avversario potrebbe benissimo avvantaggiarsi dei suoi numerosi errori. Come Muhammad Ali, la cui personalità è in qualche modo affine alla sua, verso la fine dell'incontro sembrava trarre piacere nel tormentare Spassky e questo alla scacchiera può essere pericoloso, come si vide nell'undicesima partita. Inoltre qualche altro sfidante potrebbe punirlo per la sua spericolatezza; tuttavia è ugualmente possibile che Bobby progredisca ancora, superando le debolezze dimostrate in quell'incontro. Solo il tempo può dirlo. Dato che non condivido la fede di Bobby nell'occulto, lascerò da parte ulteriori speculazioni.

FISCHER COME CAMPIONE

Da ora in avanti, per un futuro indefinito, questo periodo della storia scacchistica sarà conosciuto come l'epoca di Fischer. La sua personalità, le sue imprese e perfino le sue idiosincrasie avranno una grande influenza sul gioco, come del resto era avvenuto per gli altri campioni, ai loro tempi. L'incontro del 1972 suscitò però un entusiasmo per gli scacchi quale non si era mai visto l'eguale nel mondo occidentale: la vendita di scacchi, libri e altri accessori per il gioco crebbe in modo incredibile. I membri aderenti alla Federazione Scacchistica Americana sono aumentati astronomicamente: gli scacchi sono divenuti uno sport importante.

Senza dubbio la personalità di Fischer ha contribuito enormemente a determinare questa tendenza. Nonostante i suoi problemi, egli è una persona con la quale è facile identificarsi. Giocare a scacchi e vincere — che altro c'è nella vita? Una certa sua affinità con Horatio Alger lo rende ancor più interessante: c'è in lui una semplicità infantile che ci permette di capirlo facilmente, anche se c'è chi non può sopportare alcune sue trovate.

Tuttavia, il suo comportamento passato crea un certo disagio riguardo ai futuri incontri di campionato. Fischer non si ritirerà certo dal gioco, come fece Lasker per molti anni, ma è possibile che ponga condizioni talmente inusitate da rendere impossibile a un futuro sfidante di accettarle. Può darsi che egli stesso non si renda conto di chiedere cose impossibili, come sembra non aver percepito la natura di certe sue azioni nell'ultimo incontro; se ciò avvenisse, le autorità scacchistiche dovranno decidere se le sue richieste corrispondono a cose realmente essenziali per lui o se piuttosto egli cerchi semplicemente di schivare una sfida. Sembra comunque auspicabile chiarire le condizioni di un incontro valevole per il titolo prima che si verifichino incidenti.

FISCHER COME ESSERE UMANO

Alcuni atteggiamenti di Fischer sono così peculiari, inaspettati, stravaganti e bizzarri che perfino i suoi più ardenti sostenitori hanno qualche difficoltà a spiegare i suoi moventi. Oltre all'interesse che ha contribuito a suscitare per il gioco, egli ha quindi attirato una maggiore attenzione sugli aspetti psicologici del giocatore di scacchi. Quando, vent'anni fa, scrissi il mio libro *The Psychology of the Chess Player,* * il mondo scacchistico prestò ad esso scarsa attenzione; tutti erano molto più interessati ai miei scritti tecnici. Ma in questi ultimi quattro o cinque anni vi è stato un notevole cambiamento, in parte dovuto senza dubbio all'interesse per la psicologia, che è enormemente aumentato, ma in parte anche alla volontà di capire che tipo sia Bobby Fischer. Durante il suo incontro con Spassky, fui avvicinato da un gran numero di giornalisti che avevano letto il mio libro e volevano rivolgermi delle domande su di lui; erano corrispondenti dei giornali più disparati, dal « Wall Street Journal » al « Times » di Londra.
La genialità di Fischer è del tutto unilaterale, ogni aspetto della sua vita converge sugli scacchi. Una volta Tal gli consigliò di ampliare la sua educazione, al che Bobby replicò con sprezzanti commenti sulle pretese intellettuali di Tal. Dal-

* È l'opera pubblicata sopra [*N.d.T.*].

l'età di sei anni gli scacchi sono stati l'essenza e il fine della sua esistenza, la cui meta finale era ciò che ora ha conseguito: il campionato mondiale.

Abbandonato dal padre all'età di due anni e dalla madre nell'adolescenza, Bobby ha passato gran parte della sua vita privo dei genitori; ferito senza dubbio da questo abbandono, si è vendicato isolandosi. È stato sempre difficile perfino prendere contatto con lui; per lo più ha vissuto in albergo, in continui spostamenti da una stanza all'altra, da un albergo all'altro; il suo recapito postale era di solito al circolo degli scacchi di Manhattan oppure in qualche altro locale, e anche persone disposte a offrirgli denaro hanno dovuto penare molto per mettersi in comunicazione con lui.

Una persona così isolata tende, di necessità, a rinchiudersi in se stessa; è incapace di far propri quei comportamenti e quei modi che sono invece necessari a coltivare un rapporto con gli altri; spesso costruisce immagini grandiose delle proprie possibilità e del proprio avvenire, pur essendo poi assai riluttante a metterle alla prova; diventa sempre più circospetta e diffidente verso ogni tipo di contatti sociali, perché ogni nuova delusione sarebbe per lei molto più dolorosa.

Queste considerazioni si adattano senz'altro a Bobby Fischer, che in tutti questi anni ha avuto grossissime difficoltà a trattare con gli altri esseri umani; il suo comportamento è stato criticato pubblicamente da un'infinità di gente, e molti hanno infierito su di lui senza alcuna pietà. Contrariamente a quanto ci si aspetterebbe, persone come lui soffrono di terribili ansie; rinchiuse nel proprio bozzolo si sentono sole, ma

poiché avvicinare gli altri significa andare incontro a delusioni simili a quelle, insopportabili, già sperimentate in passato, esse sono coinvolte in conflitti senza fine e in tentativi di rassicurazione che in realtà non le rassicurano affatto.
Pochi si rendono conto di quanto Bobby Fischer sia insicuro; egli può ben negarlo a se stesso, ma le sue vanterie, l'arroganza, il disprezzo sono modi tipici di nascondere la sua profonda insicurezza interiore e urtano gli altri solo perché questi non capiscono quanto egli stia sulla difensiva.
Gli scacchi sono quasi il suo unico mezzo per mettersi in contatto con i suoi simili, e tuttavia, battendoli, egli distrugge il contatto. Quando era più giovane e doveva ancora farsi conoscere, frequentava circoli scacchistici e caffè dove poteva trovare degli avversari, poi, divenuto troppo bravo, ha trascorso molte lunghe ore solo nella sua stanza.
Tutto questo, è chiaro, non ci dà ragione del suo genio: vi sono molti asociali come lui nel mondo, ma pochi diventano maestri di scacchi. Ciò spiega, tuttavia, la tenacia con la quale quando gioca ce la mette tutta.
Mesi prima dell'incontro del 1972 Bobby si ritirò a Grossinger, per potersi concentrare completamente sul grosso volume delle partite di Spassky, praticamente senza amici, senza compagnia femminile e quasi irreperibile; si potrebbe supporre che si sia preparato molto bene.
Un attento esame dell'incontro, invece, non rivela granché del suo genio innovativo nelle aperture; al contrario, quasi tutte le innovazioni, come ad esempio nella quarta, quinta, decima, undicesima, tredicesima, quindicesima e sedicesima

partita, provengono da Spassky, che sembrava essere pienamente al corrente dello stile di apertura di Fischer. Ci viene addirittura il sospetto che Bobby non si sia preparato affatto, confidando solo nella propria straordinaria abilità nel gioco diretto. Nelle foto pubblicate sul periodo trascorso a Grossinger lo si vede più spesso alle prese con il sacco da pugile che davanti alla scacchiera.

Questo potrebbe chiarire anche il suo curioso comportamento prima dell'incontro e durante le prime due partite. Se Jim Slater non fosse intervenuto con la somma addizionale di 125.000 dollari, Bobby avrebbe compromesso non solo l'incontro ma tutto il suo avvenire, perché, per quanto geniale sia un uomo, se non possiamo trattare con lui non si può far altro che evitarlo. Tra gli scacchisti c'è un modo di dire che si adatta bene al nostro caso: quando una mossa è poco chiara, si aspetta fino al termine della partita. Se vinci è stato un sacrificio, se perdi è stato uno svarione. Bobby ha vinto, per cui molti ora pensano che tutti i suoi capricci facessero parte di una brillante manovra per portare gli scacchi al livello dei grandi sport di massa.

Questa spiegazione non ci sembra plausibile. È più probabile che la sua apprensione per questo incontro fosse realmente enorme. Per il suo avversario infatti la posta non era così alta come per lui: se nel 1966 aveva perso con Petrosian, nel 1969 lo aveva poi vinto; inoltre niente minacciava il suo quieto vivere nell'Unione Sovietica dove sarebbe restato un eroe popolare per il resto dei suoi giorni. Per Bobby invece si trattava quasi alla lettera di una questione di vita o di morte: la sua grande apprensione è quindi comprensibile.

In realtà, è quasi un miracolo che Bobby sia uscito vincitore da quello che sarebbe anche potuto essere soltanto un bluff; in precedenza, i sovietici si erano ritirati da tornei e incontri per provocazioni molto meno gravi. Se avessero insistito sulla squalifica nella prima partita, chiedendo a Euwe o di squalificare Fischer o di interrompere l'incontro, questo non si sarebbe più svolto, e stavolta avrebbero potuto avere una qualche giustificazione per il loro gesto.

Sarà stato, forse, perché veramente la fortuna aiuta gli audaci, o forse per effetto della visita di Nixon a Mosca e dell'apparente disgelo che si è avuto nei rapporti sovietico-americani, o forse perché i russi, abituati da un quarto di secolo a facili vittorie, avevano semplicemente sottovalutato il loro avversario e sopravvalutato le proprie forze, fatto sta che il gambetto di Fischer ebbe successo.

La sua rinuncia nella seconda partita è invece tutt'altra cosa. A nessun giocatore piace perdere e a Bobby meno che agli altri; la sconfitta subìta nella prima partita deve essere stata un colpo durissimo per lui, come si deduce dalla solita serie di scuse: il rumore, la TV, le macchine fotografiche, ecc. In realtà, il suo comportamento in occasione della seconda partita ebbe tutte le caratteristiche di un attacco di panico: si rinchiuse solo nella sua stanza, senza voler parlare con nessuno, anzi, strappò il telefono dal muro; era agitatissimo, e per questo rinunciò alla partita.

Tanto più notevole fu quindi la sua ripresa: essa rivelò la grande forza del suo carattere e la sua capacità di risollevarsi dalla sconfitta; tuttavia, non deve farci dimenticare l'abisso nel quale era caduto prima.

È indubbio che il punto di equilibrio di Bobby Fischer è stato lo sport; i pochi contatti che egli cerca di stabilire al di fuori degli scacchi sono sempre in funzione di una gara sportiva: tennis, ping-pong, sci. Vi si dedica con una passione molto minore, ovviamente, ma questi giochi sono pur sempre il mezzo che egli preferisce per stabilire un rapporto umano.

A parte la sua insicurezza interiore, il principale problema esterno di un uomo isolato è rappresentato dai suoi rapporti con le donne. Tutti concordano che, al riguardo, c'è in Bobby qualcosa che non va: l'unica donna nota della sua vita è la misteriosa signora Grumette, chiaramente più un sostituto della figura materna che altro. Man mano che passano gli anni l'impulso a stabilire un rapporto affettivo soddisfacente con una donna è destinato a divenire più forte. A causa della sua ben nota antipatia per le ragazze, ogni volta che Bobby ha un appuntamento, diventa quasi una notizia da prima pagina: gli è stata trovata una fidanzata in Argentina e una moglie in Iugoslavia; secondo alcuni avrebbe addirittura ballato con una ragazza in Islanda! È penoso registrare queste voci, tanto cretine quanto frequenti. Certo, nessuno dei predecessori campioni-eroi ai quali maggiormente somiglia, se l'era passata molto bene con le donne e Fischer ha una lunga strada da percorrere in questa direzione.

Superficialmente Bobby può oggi sembrare un giovane immaturo ed esuberante che si sta godendo la gloria meritatamente conquistata. Tuttavia rimane sempre una persona disturbata: solo il tempo potrà dire se il titolo mondiale lo ma-

turerà o se, a un certo punto, avrà bisogno dell'aiuto di un analista.
Fra parentesi, non è affatto raro che uomini eccezionalmente dotati soffrano di seri disturbi nevrotici o abbiano addirittura problemi psicotici. Isaac Newton ne è un eccellente esempio: era un uomo depresso, paranoico e incapace di coltivare rapporti femminili. Dopo le grandi scoperte dei suoi anni giovanili (teoria della gravitazione e calcolo infinitesimale) di scientificamente valido non fece altro, e perse il suo tempo in sterili dispute con la Royal Astronomer Flamsteed e in oscure questioni religiose ormai dimenticate.

FISCHER COME SIMBOLO

Nell'attuale frenesia per gli scacchi che Fischer ha suscitato, sembra che per molti egli abbia acquisito il valore di un simbolo. Tra i campioni del mondo appartiene certamente al gruppo degli 'eroi', insieme con Morphy, Steinitz, Capablanca e Alechin, in contrasto con quello degli 'anti-eroi' del quale fanno parte tutti gli altri.
Sono gli ammiratori che, in un certo senso, creano gli eroi, ed è inutile aggiungere che tutti i superlativi di cui li gratificano derivano dal bisogno degli scacchisti di trovare qualcuno da adorare; è anche indubbio però che i giocatori stessi assecondano questa esigenza dei loro sostenitori e traggono grande soddisfazione dai gruppi idolatri che crescono intorno a loro.
Fischer è sulla buona strada per diventare uno degli eroi più popolari del nostro tempo, se ciò

non è già avvenuto. Dal punto di vista tecnico, la pretesa che egli sia « il più grande giocatore di tutti i tempi » per ora non regge a una seria analisi; lo stesso vale per Morphy. Ma vi è un profondo bisogno da parte di molti di proiettare su di lui le proprie grandiose ambizioni.

Del resto, anche certi fatti esterni contribuiscono a questa mitizzazione: per un quarto di secolo i russi hanno dominato il mondo scacchistico; campioni e sfidanti sono stati russi; forse metà dei giocatori di scacchi del mondo vive nell'Unione Sovietica, dove si organizzano tornei con un milione di partecipanti, e si pubblicano libri le cui prime edizioni si vendono a centinaia di migliaia di copie (sebbene la letteratura scacchistica russa non sia certo entusiasmante). Battere il campione russo acquista così il significato simbolico di sconfiggere i russi.

Bobby è un uomo che ha consacrato tutto se stesso agli scacchi: e se gli esperti possono vedere in questo una specie di squilibrio nevrotico, per l'uomo comune i fatti sono più importanti delle motivazioni. Negli Stati Uniti non sono molti gli altri giocatori professionisti, e praticamente nessuno si guadagna la vita giocando a scacchi, come invece succede ai campioni di altri sports, golf, tennis, pallacanestro. I pochi americani professionisti fanno soldi scrivendo sul gioco, non giocando.

Poiché il campione pensa quasi esclusivamente agli scacchi, il suo adoratore può anch'egli, per un processo di identificazione, consacrarsi interamente agli scacchi, dimenticando moglie, figli, lavoro, salute e ogni altra cura.

Come tutti gli altri sports anche il gioco degli scacchi è uno sfogo dell'aggressività; ne differisce,

però, in quanto è uno sfogo intellettuale, che esclude, di regola, la violenza fisica. In un mondo stanco di guerre, milioni di persone sperano che l'aggressività presente in tutti noi si scarichi in soluzioni pacifiche. La leggenda vuole che il gioco degli scacchi sia nato come sostituto della guerra, e molti ci credono: una battaglia pacifica tra un americano e un russo, invece di quella guerra spaventosa, che dopo la seconda guerra mondiale è stata l'incubo di tutti noi, assume immediatamente un contenuto simbolico di questa speranza. Nel caso dell'incontro del 1972, questo carattere simbolico fu sanzionato, in un certo senso, dall'intromissione di personaggi politici del massimo livello: si disse che Breznev si tenesse personalmente in contatto con Spassky, mentre Kissinger consigliava Fischer, e durante l'incontro fu annunciato, perfino, che Nixon aveva invitato Bobby a fargli visita alla Casa Bianca.
Anche il denaro ha avuto una sua parte nel facilitare questa proiezione simbolica. Chi si interesserebbe, infatti, di uno sport in cui il primo premio fosse di 100 dollari (come era nel mio primo torneo di quarant'anni fa)? Ma portalo a un quarto di milione di dollari o addirittura a un milione, come oggi potrebbe succedere, [5] e vedrai che la cosa cambia. Attualmente somme così cospicue provengono da sostenitori ben individuati, ma se sarà possibile trasmettere le partite alla televisione, il denaro potrà venire dal vasto pub-

5. Si dice che un albergo di Las Vegas abbia offerto la somma di un milione e mezzo di dollari per la rivincita con Spassky, ma Fischer l'ha rifiutata chiedendone dieci. Anch'io ho sfidato Fischer a un incontro, con una borsa di un milione. Ormai diversa gente si chiede apertamente se Fischer giocherà ancora.

blico indifferenziato, come già succede per altri sports.
Da parte mia, ritengo che questa nuova frenesia per gli scacchi sia dovuta in parte a Fischer e in parte a un rivolgimento sociale di grandi proporzioni e a livello mondiale. Gli sports sono divenuti in genere molto più popolari e i compensi per i giocatori più bravi sono saliti alle stelle. Gli scacchi sono giocati dappertutto nel mondo occidentale: in Europa, negli Stati Uniti, nel Canada e nell'America Latina, mentre non lo sono in Asia o in Africa (a eccezione di piccoli gruppi); essi dunque possono fungere da simbolo di unità per la civiltà occidentale.
I campioni precedenti furono, per lo più, degli intellettuali; da qui l'idea che gli scacchi siano un gioco 'per persone intelligenti'. Essi erano stati pieni di dubbi se consacrarvisi o no, perché lo ritenevano troppo difficile per essere un gioco e troppo facile per essere una scienza. Questo non vale certo per Fischer che ha sprezzato qualsiasi pretesa intellettuale. Per lui gli scacchi sono uno sport come la pallacanestro o il tennis: si lancia la palla qua e là finché non si segna il punto; si muovono i pezzi sulla scacchiera finché non si trova il punto debole dell'avversario.
La posizione anti-intellettuale assunta da Fischer è incredibilmente pronunciata: un articolo apparso su un giornale lo collocava politicamente alla destra del partito di John Birch, cioè l'estrema destra americana; dopo secoli di libertà religiosa regredisce a una setta revivalista che prende alla lettera la Bibbia, e in un'epoca di rivoluzione sessuale pretende una vergine: nelle cose di questo mondo sembra quasi un analfabeta.
È stato facile quindi, per lui, diventare il sim-

bolo di un nuovo modo di concepire gli scacchi, una volta passatempo da intellettuali e oggi sport popolare a cui tutti possono prender parte; non è che dobbiamo rammaricarcene troppo: in fin dei conti, qualunque siano i meriti o i demeriti intellettuali degli scacchi, resta il fatto che essi sono un gioco nel quale due uomini si affrontano, e vinca il migliore.
È in questo senso che la vittoria di Fischer segna una svolta nella storia scacchistica. La codificazione delle aperture, per essere completata, non ha più un cammino troppo lungo da fare; il mezzo della partita è ben capito, il finale è una questione di analisi esatta. Risolti i problemi teorici, ciò che rimane è l'individuo davanti alla scacchiera.
Un giocatore 'puro', com'è senz'altro Fischer – anzi quasi il più puro della storia scacchistica –, è portato facilmente a identificarsi con lo sport che pratica. In questo assomiglia a certi personaggi di altri sports, come Bo Belinsky, Joe Namath, Lee Trevino e Muhammad Ali. In un recente articolo del « New York Times » sull'asso del tennis rumeno Ilie Nastase, questi viene paragonato a Bobby Fischer e considerato suo buon secondo nell'arte, praticata senza risparmio, di disorientare psicologicamente l'avversario. Come Bobby, 'Nasty' è una mescolanza di ben note cattive maniere e magnifici riflessi.
Man mano che gli scacchi diventano più popolari, il tipo di persone che ne saranno attratte dovrà necessariamente cambiare. Non ci sarà più alcun motivo perché sia l'unico gioco permesso nei locali del Parlamento britannico o per definirlo il gioco dei re. Come dimostra l'intervista con Ginzburg, Bobby sembra avere una certa

nostalgia per il passato, quando, in verità, soltanto gli aristocratici giocavano a scacchi, ma il suo stesso esempio mostra meglio di qualsiasi altra cosa che anche i comuni mortali possono giocare altrettanto bene, ed oggi è del tutto impossibile prevedere da quale classe sociale proverrà il prossimo genio. Fischer simboleggia proprio questo: che oggi le possibilità per chiunque di diventare un campione sono molto più grandi di prima, una constatazione essenziale per assicurare la massima diffusione del gioco. Oltretutto, gli scacchi si prestano a qualsiasi variazione: sono già apparse sul mercato scacchiere più grandi, più piccole, circolari, tridimensionali e così via; anche queste innovazioni possono essere apprese facilmente e attrarre un numero maggiore di persone. Tuttavia, nei suoi elementi fondamentali il gioco rimarrà ancora a lungo invariato.

BORIS SPASSKY, L'EX CAMPIONE

Sarebbe difficile trovare due maestri di scacchi più dissimili di Spassky e Fischer: diverse le culture da cui provengono, diverso l'ambiente sociale in cui sono vissuti, diversissimo lo stile di vita; in comune non hanno che una disposizione geniale per gli scacchi e un'insaziabile passione per il gioco.

Boris Spassky è nato a Leningrado il 30 gennaio 1937. Aveva appena quattro anni quando i nazisti cominciarono l'assedio della città; i suoi primi anni trascorsero quindi in mezzo ad agitazioni politiche e a inquietudini personali. Boris, suo fratello maggiore e sua sorella minore (che più tardi divenne campionessa di dama) furono fatti sfollare. Le tensioni di questo periodo tragico provocarono la rottura della famiglia: i genitori divorziarono nel 1944 dopo essersi trasferiti a Mosca; da allora Boris ha visto il padre solo poche volte all'anno, benché vivano entrambi nella stessa città.

La madre di Boris viene descritta come una persona semplice, puritana e religiosa; di lei il figlio dice che considera tutti buoni e, tra le virtù, dà grande valore alla calma e alla pacatezza; questo può spiegare la straordinaria imperturbabilità di Spassky di fronte alle provocazioni di Fischer a Reykjavik.

Boris fu costretto a prendere molto presto il posto del padre, nella famiglia; la madre, dopo i quarant'anni, non fu più in grado di lavorare per un incidente dovuto a uno sforzo, ed egli diventò capofamiglia, sebbene avesse soltanto sei o sette anni. Il padre, evidentemente, si era allontanato in modo definitivo e non provvedeva a loro neppure finanziariamente; può darsi che Boris, costretto ad assumere troppo presto nella vita un ruolo così importante, sia salito in vetta al mondo scacchistico per ritrovare anche qui doveri molto onerosi.

Imparò a giocare a scacchi a cinque anni; anch'egli come Bobby amava la Torre « perché si muove in linea retta ». Dopo la guerra, quando la famiglia tornò a Leningrado, Boris, che aveva allora otto anni, rivelò una grande passione per il gioco: giocava giorno e notte, prima nel padiglione degli scacchi situato nel parco, poi nella Casa dei Pionieri di Leningrado.

Un'insolita caratteristica personale è la fiducia che nutre negli istruttori: il primo fu Vladimir Zak, un candidato-maestro e vecchio allenatore al Palazzo dei Pionieri di Leningrado, poi passò sotto la guida del grande maestro I. Bondarevsky. Anche questo aiuta a spiegare la sua curiosa ambivalenza nei confronti degli scacchi, e il carattere discontinuo dei risultati; di solito, infatti, i giocatori di scacchi non tengono conto degli istruttori, anzi, l'unico che conosco è in realtà Spassky. Gli scacchi sono un gioco individuale e il giocatore conta soltanto sulle proprie forze per farsi strada.

I progressi di Spassky furono rapidi: nel 1947, all'età di dieci anni, fu promosso alla seconda categoria (l'Unione Sovietica ha un sistema classificatorio suddiviso in cinque categorie, delle quali la più alta è la prima, che precede immediatamente la qualifica di candidato-maestro), e due anni dopo, a dodici, era candidato-maestro; nel 1952, a soli quindici anni, giunse secondo al campionato di Leningrado, dietro Taimanov, e davanti sia a Levenfish sia a Korchnoi. Qualitativamente, i suoi successi non erano di molto inferiori a quelli di Fischer quando vinse il campionato degli Stati Uniti a quattordici anni. A differenza di Bobby, però, Boris ha proseguito i suoi studi, ma è passato da una disciplina all'altra, finendo da ultimo alla sinecura del 'giornalismo'. Nell'Unione Sovietica i principali maestri di scacchi sono sovvenzionati dallo Stato sotto la copertura di una qualche posizione ufficiale; le più comuni sono quella di 'studente' e quella di 'giornalista'.

Nel 1955 due imprese lo segnalarono per la prima volta all'attenzione del mondo scacchistico: conseguì ad Anversa il titolo di campione mondiale junior col punteggio di tredici vittorie, due patte e una sconfitta, e, ancora più sorprendente, si piazzò terzo ex-aequo nel campionato dell'Unione Sovietica, soltanto a mezzo punto dai vincitori ex-aequo Geller e Smyslov e a pari merito con Botvinnik, Petrosian e Ilivitzky: poiché aveva solo diciotto anni, fu giustamente considerato come la grande promessa degli scacchi nell'Unione Sovietica; a quel tempo, campione del mondo era ancora Botvinnik. L'anno seguente, 1956, giunse terzo al torneo dei Candidati che si disputava ad Amsterdam, divenne grande maestro internazionale e, benché appena diciannovenne, fu annoverato fra i primi dieci giocatori del mondo.

In netto contrasto con Fischer, Spassky è sempre rimasto eccezionalmente modesto: più tardi confermò che, a quel tempo, non sperava affatto di conquistare il titolo; solo alcuni anni più tardi, nel 1964, disse scherzosamente a Bondarevsky che pensava di diventare campione del mondo, e da allora cominciò ad accarezzare l'idea con maggiore serietà. Anche dopo essersi aggiudicato il titolo, sembrava quasi a disagio nel suo ruolo, un disagio che deve aver avuto una parte importante nella sconfitta subìta.

Dopo il suo brillante avvio, nel quale aveva dimostrato di possedere un'abilità di gioco di primissimo ordine, Boris cominciò a perdere colpi: tra il 1959 e il 1961, ottenne risultati mediocri, dovuti in parte ai suoi guai personali che culminarono nel divorzio dalla sua prima moglie. Di se stesso e sua moglie ebbe a dire, usando una curiosa espressione, che erano come « Alfieri di colori opposti », volendo significare, evidentemente, che ciascuno andava per la sua strada, senza neppure toccarsi. In questo periodo si trovava anche in difficoltà con le autorità del suo paese, che per tre volte gli impedirono di giocare in paesi stranieri. Come succede di norma in simili situazioni nell'Unione Sovietica, non è mai stato rivelato niente sul perché fosse caduto in disgrazia. Molto tempo dopo, cioè dopo l'invasione sovietica della Cecoslovacchia nel 1968, sembra per altro che abbia osato stringere la mano ai delegati cechi durante una competizione scacchistica.

Anche da alcune interviste da lui concesse si può vedere quanto differisca psicologicamente da Fischer; in una di esse ha posto l'accento sulla scarsità del proprio spirito combattivo, affermando che se perdeva una partita non riusciva a dormire; in un'altra ha detto che, una volta battuto, riprendersi gli costa un grande sforzo, perché ritiene che la sconfitta possa addirittura giovargli. In un'altra occasione ha rivelato che la sua calma superficiale in realtà nasconde un vulcano interno: « Effettivamente mi sento molto nervoso durante una partita, come se stessi per scoppiare. Quando faccio un errore cerco di controllarmi, di rimanere impassibile e calmo e di trovare la via migliore per uscire da una situazione difficile. Quando gioco probabilmente non sembro agitato, ma non è così: è come una maschera che mi metto sul viso; quando appaio particolarmente calmo, in realtà sono particolarmente nervoso ».

A partire dalla fine del 1961, i risultati di Boris ripresero il loro corso ascendente: per la prima volta vinse il campionato dell'Unione Sovietica, con lo splendido punteggio di dieci vittorie, nove patte e una sconfitta. Parecchie altre magnifiche vittorie gli dettero il diritto di prendere parte all'incontro per il titolo mondiale insieme a Petrosian nel 1966; fu una contesa serrata, tipica del gioco moderno. Dopo dodici turni Petrosian conduceva con due vittorie a zero e dieci patte; Spassky era particolarmente sconvolto per non aver vinto la quinta partita. Scrisse più tardi: « Quando non riuscii a vincere la quinta partita, che era già vinta, persi quasi la fiducia in me stesso, mentre il mio avversario si sentiva sempre più sicuro di sé. Non era certo per caso che dopo la dodicesima partita stesse conducendo l'incontro con un vantaggio di due punti ».

Ma, pur avendo perso la fiducia in se stesso, Boris riuscì a combattere coraggiosamente; nella seconda parte dell'incontro, come più tardi con Fischer, quasi pareggiò, costringendo Petrosian a continuare l'incontro (da lui poi vinto con un solo punto di scarto) fino al numero prestabilito

di ventiquattro partite. Nella seconda parte, infatti, il punteggio di Spassky era superiore: tre vittorie a due e sette patte. C'è da chiedersi se anche lui non farebbe meglio ad avanzare l'inaccettabile pretesa, avanzata poi da Fischer, che la prima parte di ogni incontro non venga calcolata nel punteggio finale, ma sia considerata semplicemente un periodo necessario ai giocatori per riscaldarsi, come avviene nel baseball o nel golf.
A questa sconfitta seguì un'altra serie di vittorie: nel difficile torneo di Santa Monica del 1966 risultò primo davanti a Fischer e nel 1967, a Beverwijk, ripeté l'impresa, pur avendo contro un gruppo di avversari molto forti. Infine vinse ancora gli incontri eliminatori che gli dettero diritto alla rivincita con Petrosian nel 1969, e questa volta lo sconfisse col punteggio di sei a quattro e tredici patte.
Divenuto campione mondiale, da diversi indizi si poteva capire che egli non si sentiva a suo agio in questo ruolo; gli mancava quel gusto della vittoria che è così spiccato in Fischer. Scrisse una volta: « Mi riesce talora difficile giocare bene contro un amico intimo; quando a Sochi partecipai a un incontro di bridge con Malich, Damjanovic e Jansa non potevo giocare sul serio nel torneo e proposi la patta ». Altre volte affermò che avrebbe quasi preferito non essere campione del mondo, ma un uomo comune che giochi a scacchi solo per divertimento. Dopo la sconfitta con Petrosian scrisse con acume profetico:
« Fra tre o quattro anni spero di essere più forte di ora [1966]; poi declinerò, e un altro forte giocatore prenderà il mio posto. Gli scacchi costringono a vivere una vita anormale e per restare tra i primi bisogna imporre a se stessi una

notevole disciplina. Botvinnik è un uomo pieno di interessi e possiede questa autodisciplina, che è una qualità innata; io sono il contrario di lui: assai poco pratico e completamente disorganizzato ».

Anche nella vita personale Spassky è più di Fischer vicino alla normalità: si è risposato nel 1967 e da questo matrimonio ha avuto un figlio. Si dice che sia un avido lettore, e che le sue preferenze vadano a Dostoevskij e a Solgenitsyn; sembra di umore molto instabile, e talvolta è soggetto a profonde crisi depressive (di questo si parlerà più avanti). A differenza di Bobby, non si è mai vantato delle proprie imprese né ha mai cercato di farsi bello in alcun modo. È un esempio perfetto del campione 'anti-eroe', esattamente come Bobby personifica il tipo dell'eroe.

L'incontro del 1972 fu caratterizzato da una serie di incredibili svarioni da parte sua; una tale quantità di errori non ce l'aspetteremmo neanche da un forte giocatore di club, tanto meno quindi da un campione del mondo. A un'analisi dettagliata dell'incontro appare evidente che la sua caduta fra la terza e la decima partita, dove commise quattro terribili errori, lo condizionò in modo tale che non poté più riprendersi. Ma anche nelle successive trascurò importanti occasioni favorevoli: di pattare la tredicesima, per esempio, e di vincere la quattordicesima, la quindicesima e la diciottesima. Non si sa come, ma perse la testa troppo spesso, proprio nei momenti più critici.

La sua preparazione per l'incontro era stata superba, di gran lunga superiore a quella di Bobby: fu lui a introdurre nelle aperture il maggior numero di innovazioni, che si affermeranno cer-

tamente; è chiaro che aveva studiato il gioco dell'americano in modo molto più approfondito di quanto questi avesse studiato il suo. Tuttavia, era costantemente dominato nel mezzo della partita per la paura della sua stessa aggressività.
Nonostante ciò, non si deve pensare che Spassky sia spacciato: al meglio di sé è bravo come qualsiasi altro; ha raggiunto o è stato vicino alla vetta per almeno quindici anni e, nonostante i suoi punti deboli, è indubbio che rimarrà a lungo uno dei più grandi giocatori del mondo.
A quanto risulta, durante l'incontro alcuni milionari del Texas hanno offerto una borsa di un milione di dollari per la rivincita con Fischer. Sarebbe la cosa migliore da farsi, date le circostanze, sebbene la conclusione potrebbe essere tutt'altro che scontata; probabilmente Fischer vincerebbe con un margine minore.
Molti hanno congetturato che le stranezze di Fischer avessero per unico scopo di fare uscire dai gangheri l'avversario; ma questo sembra improbabile: significherebbe che Bobby aveva adottato coscientemente una tattica di disturbo, mentre in realtà egli si è comportato più o meno in questo modo tutta la vita. Il fatto di giungere in ritardo a quasi tutte le partite può ben essere stato un tentativo consapevole, da parte di Bobby, di mostrare disprezzo per l'avversario, ma Spassky non avrebbe avuto molte ragioni per reagire a provocazioni tanto infantili.
Le differenze di gioco tra i due campioni sono così tenui che, senza dubbio, il risultato è stato fortemente influenzato da motivazioni psicologiche; più determinanti delle stranezze di Bobby sono stati, comunque, i conflitti interiori di

Spassky e il suo ruolo di campione del mondo nell'Unione Sovietica.

Abbiamo già fatto riferimento più volte a questi conflitti interiori di Spassky; la sua incapacità di trarre piacere dalla vittoria è talmente grande che c'è da chiedersi come abbia fatto a conquistare il titolo. Sembra ovvio che la sua aggressività subisca forti oscillazioni e che, per così dire, risponda meglio alla sconfitta che alla vittoria: queste continue oscillazioni spiegano anche la discontinuità dei risultati conseguiti nei tornei precedenti, oltre il suo comportamento in occasione dell'incontro con Fischer. Qui, un accurato esame dei suoi errori rivela un fatto sorprendente (come del resto un'analisi di quelli di Fischer): un'eccessiva tendenza a tirarsi indietro; il primo errore nella terza partita, dove tralasciò di punire il tracotante avventurismo di Bobby, fu dovuto a un eccesso di cautela; successivamente, è evidente l'inutilità del suo atteggiamento rinunciatario nella quarta, nella quinta, nella sesta, nella decima, nella tredicesima, nella quindicesima e nella diciottesima partita: un comportamento che è più facilmente spiegabile con quel suo sentirsi a disagio nel ruolo di campione, che non come effetto della 'guerra dei nervi' fattagli da Fischer, anche se qualche rapporto con essa possa ben esserci, dato che egli rimase così impassibile in una situazione che invitava invece a una reazione violenta.

L'altro lato della medaglia, cioè la posizione di un campione mondiale nell'Unione Sovietica, richiede considerazioni più approfondite.

Da quando il gioco degli scacchi si diffuse in Europa in un certo periodo del Medio Evo, la supremazia è passata da un paese all'altro: all'ini-

zio fu l'Italia ad avere i maestri più forti, il che spiega l'esistenza di molte aperture che mantengono ancor oggi nomi italiani, come il Giuoco Piano, il Ponziani, la Difesa Siciliana e così via; poi la supremazia passò alla Spagna, quindi alla Francia, di qui all'Inghilterra e alla Germania nel diciannovesimo secolo, con Emanuel Lasker campione mondiale e, infine, in questo secolo, alla Russia: di origine o di cittadinanza russa sono stati infatti la maggior parte dei maestri. Si tratta in se stesso di un curioso fenomeno storico-sociale che varrebbe la pena di prendere in considerazione. Tra l'altro, sembrerebbe che quando una nazione diventa una grande potenza politica, una parte del suo spirito aggressivo si riversi nel gioco degli scacchi, che, simbolicamente, è stato per secoli il gioco per eccellenza dell'Europa occidentale e dell'America. Devono però esserci altri fattori che meriterebbero di essere indagati storicamente.
Ad ogni buon conto, la supremazia russa in questo secolo, specie dalla prima guerra mondiale in poi, raramente è stata contestata. La maggior parte degli esperti di origine russa negli anni tra le due guerre erano però degli *émigrés.* Il forte contingente che dominò il mondo scacchistico tra il 1918 e il 1939 comprendeva uomini come Alechin, Rubinstein, Bogolyubov, Nimzovitch, Tartakower e altri che avevano lasciato la Russia durante o subito dopo la rivoluzione. Anche Reshevsky potrebbe essere compreso in questo gruppo dato che, tecnicamente, era nato in quella che allora era la Russia. L'unico autentico russo che raggiunse la preminenza internazionale prima della seconda guerra mondiale, e continuò a risiedere nell'Unione Sovietica, fu Botvinnik.

Dopo la seconda guerra mondiale, la situazione mutò, soprattutto perché ai più forti maestri russi non fu più concesso di emigrare. Quelli della vecchia guardia o si sono ritirati o sono morti, a eccezione di Botvinnik, Keres e Flohr, gli ultimi due ora cittadini russi anch'essi. Keres, anzi, sfuggì al destino di molti suoi compatrioti proprio perché era un grande maestro. [6] Flohr, che aveva assistito alla devastazione della nativa Cecoslovacchia e l'aveva poi vista sotto la dominazione sovietica, preferì naturalizzarsi, anche perché sua moglie era russa e desiderava tornare a vivere nel proprio paese.

Data la popolarità degli scacchi in Russia, i sovietici sono sempre stati in grado di mettere in campo nutrite squadre di grande potenza, a differenza di paesi come l'Olanda o gli Stati Uniti, dove è sempre esistito un grande dislivello tra i primi due o tre giocatori e tutti gli altri. Nonostante ciò, prima della seconda guerra mondiale, nessun importante maestro russo raggiunse la vetta, a eccezione di Botvinnik; nei tornei tenuti sul suolo russo, Capablanca, Flohr, Fine e Reshevsky si piazzarono ripetutamente davanti agli altri concorrenti.

Dopo la seconda guerra mondiale il primo segno di un cambiamento della situazione si ebbe con l'incontro per radio Unione Sovietica-Stati Uniti del 1945, vinto nettamente dai russi con il punteggio di 15 e mezzo a 4 e mezzo. Più che un segno di supremazia mondiale in se stesso, questo fu tuttavia un riflesso della grande forza sovie-

6. Si dice che l'esercito sovietico, quando occupò Tallinn, città natale di Keres, avesse speciali istruzioni di risparmiare la sua casa.

tica che esisteva sullo sfondo e che sarebbe emersa più tardi.
Se consideriamo i migliori del loro tempo gli otto giocatori che presero parte al torneo AVRO del 1938, vediamo che gli unici a non essere russi o di origine russa erano Capablanca e Euwe. Poi Capablanca morì, Euwe ebbe un declino piuttosto rapido, io mi ritirai. Solo Reshevsky, tecnicamente non più russo, continuava a combattere sulle arene internazionali.
Nel periodo compreso tra il 1945 e il 1960 sembrava che l'Unione Sovietica stesse allevando un'inesauribile riserva di grandi maestri. Prima Botvinnik vinse il titolo, grazie in parte alla partecipazione numerica russa al torneo del 1948; poi Smyslov lo batté, ma perse la rivincita; lo stesso accadde a Tal; Bronstein pattò, consentendo così a Botvinnik di mantenere il titolo. Infine Petrosian sconfisse Botvinnik in modo schiacciante nel 1963, più per il declino di Botvinnik che per forza propria.
È significativo che dei cinque campioni mondiali sovietici che successero a Botvinnik — cioè Bronstein, Smyslov, Tal, Petrosian e Spassky — nessuno è durato a lungo; quello che durò di più fu Petrosian, che conservò il titolo per sei anni, dal 1963 al 1969. Durante questo periodo egli mantenne il titolo mondiale principalmente perché al solo Spassky era permesso di giocare contro di lui, e infatti ai tornei ottenne risultati assai poco notevoli, non più di un pallido ricordo della bella serie di vittorie che aveva contrassegnato la carriera di Botvinnik.
Fin dall'inizio l'Unione Sovietica fu dilaniata da epurazioni su vasta scala, che non hanno risparmiato nessuno, neppure le persone più emi-

nenti. Una calma relativa entro la gerarchia al potere è esistita solo dall'avvento di Breznev, un po' più di dieci anni fa. È probabile che in una simile atmosfera politica una vittoria a scacchi abbia molta importanza per chi la consegue, perché gli procura notevoli vantaggi finanziari e sociali (Botvinnik, ad esempio, ha ricevuto per due volte l'Ordine di Lenin), ma lo espone anche a tremende gelosie che possono avere gravi conseguenze se uno si concede il lusso di perdere un colpo. Nemmeno Botvinnik poteva tollerare la politica scacchistica dell'Unione Sovietica e preferì ritirarsi dal gioco dopo la sconfitta con Petrosian. Non desta quindi meraviglia che l'insicurezza del campione sia aumentata col passare del tempo.

Inoltre, i sovietici sono giunti ad attribuire un significato eccessivo alla loro supremazia negli scacchi: si è dimenticato che Alechin, quando era vivo, avrebbe potuto essere fucilato a vista da qualsiasi cittadino sovietico, mentre ora viene osannato come 'il primo campione mondiale russo'. Gli sia stato imposto o l'abbia scritto da solo, sta di fatto che Botvinnik ha pubblicato un libro insensato sulla « Scuola scacchistica sovietica », nel quale attribuisce ogni possibile merito al materialismo dialettico; il livello di questa pubblicazione non è molto superiore ai famosi articoli di Alechin pubblicati durante la seconda guerra mondiale, nei quali attribuiva i suoi successi scacchistici alla vittoria dello 'spirito ariano'.

Gli altri possono anche ridere del tentativo di abbinare gli scacchi al materialismo dialettico, ma un maestro sovietico deve prenderlo terribilmente sul serio, e se va all'estero, deve considerarsi come rappresentante del suo paese e della sua cultura. Le sue imprese hanno un significato nazionale più che personale (dopo ogni vittoria conseguita all'estero, Botvinnik inviava un telegramma a Stalin per ringraziarlo dell'aiuto datogli dal leader russo); di conseguenza, ogni sconfitta è considerata una sconfitta nazionale.

Per di più, come è avvenuto dopo quelle con Fischer, i giocatori sovietici devono rendere ragione delle sconfitte subite e sono soggetti a rappresaglie politiche. Secondo un dispaccio dell'Associated Press nel febbraio 1973, il Comitato di Stato per l'Educazione Fisica e gli Sports pubblicò una dichiarazione nella quale si criticava Spassky per « aver lavorato di meno in tempi recenti, per aver preso parte troppo di rado a competizioni importanti e per non aver mostrato, durante l'incontro con Fischer, elevate qualità morali e sufficiente determinazione ». Petrosian e Taimanov, che avevano perso anch'essi con Fischer, furono rimproverati ufficialmente di « aver giocato molto al disotto delle loro possibilità ». Per far sì che i maestri si applicassero più intensamente, il Comitato ordinò loro di partecipare da allora in avanti ai campionati interni e proibì le patte prima delle trenta mosse senza il permesso dell'arbitro. Oggi dai grandi maestri sovietici si esige che passino da un torneo all'altro, indipendentemente dai loro desideri personali, e questo non contribuisce certo a metterli in uno stato d'animo favorevole né possiamo aspettarci che serva a creare un gioco migliore.

Con un simile sfondo psicologico non sorprende che l'eccellenza sia considerata un peso più che un vantaggio; si può quindi comprendere perché Spassky abbia espresso più volte il desiderio di non essere campione – non voleva assumersi una responsabilità così eccessiva. Se aggiungiamo a questo il fatto che la sua situazione familiare gli aveva imposto la medesima cosa quando era un ragazzo, possiamo renderci meglio conto di quanto fosse enorme in lui la tensione interiore durante l'incontro e, dato che essa può facilmente essere causa di errori, si spiega anche perché ne furono commessi.

Dobbiamo inoltre considerare il fatto che, mentre gli stranieri potevano accogliere con scetticismo l'articolo di Botvinnik sulla scuola scacchistica sovietica, i maestri sovietici dovevano riguardarlo come una verità evangelica; così, lo volessero o no, essi furono costretti a uniformarsi a un certo stile, la natura del quale può essere facilmente enucleata e messa a confronto col pensiero sovietico in altri campi.

Quasi un quarto di secolo fa, in collaborazione col dottor Leopold Haimson, dedicai un approfondito studio allo stile scacchistico sovietico quale si manifestava nelle partite giocate dai loro maestri. Ne darò qui l'essenziale.

Lo stile scacchistico sovietico era caratterizzato a quel tempo (1950) dall'enorme importanza attribuita alla tattica e al controattacco; mentre però le teorie strategiche non erano affatto eccezionali, l'esecuzione tattica era superba. I russi evitavano soprattutto la difesa passiva, confidando per lo più in un vigoroso controattacco. Costretti in posizioni passive, i giocatori spesso si disintegravano, incapaci di tollerare una difesa prolungata nella quale non erano in grado di esprimere la loro carica aggressiva.

Il gioco sovietico era famoso per le idee altamente originali, spesso molto diverse da quelle correnti nell'Europa occidentale e in America. Questa 'originalità', però, derivava in parte da una certa carenza di informazione rispetto a quanto veniva fatto fuori del paese; anche i loro regolamenti restavano leggermente diversi, in quanto non concedevano la patta alla terza ripetizione della posizione: sia Spassky sia Petrosian presumibilmente dimenticarono di applicare questa norma occidentale in partite contro Fischer nelle quali erano in vantaggio.

Degna di nota era una certa intolleranza per la patta: giocavano per vincere o per perdere, spesso vincevano in modo brillante proprio perché rischiavano tanto, ma spesso perdevano stupidamente perché non volevano scegliere una linea difensiva sicura.

Il timore del deviazionismo, che è stato una caratteristica così marcata della società sovietica, si era insinuato anche negli scacchi: nessun maestro osava affermare che il proprio stile effettivamente differiva da quello altrui. A proposito di questa pressione verso il conformismo, ricordo un episodio occorsomi durante un mio soggiorno in Russia nel 1937: invitato dal giornale « Izvestia » a esprimere le mie opinioni sulla Russia, dopo alcuni commenti sulla metropolitana, limitai saggiamente le mie osservazioni agli scacchi. Tra l'altro, posi in rilievo il gioco piuttosto spericolato adottato dai maestri russi del tempo, aggiungendo che l'unico a fare eccezione nel torneo di Mosca era stato Belavienetz, il cui gioco era molto più solido di quello di qualsiasi altro giocatore. Subito Belavienetz (che più tardi fu ucciso in guerra) scrisse una lettera indignata alle « Izvestia », negando qualsiasi differenza fra lui e gli altri maestri e attaccandomi

per aver osato insinuare che egli era superiore a loro.
A parte Botvinnik, l'apoteosi di questo primo stile scacchistico sovietico si ebbe in Bronstein e specialmente in Tal. Ma quando fu abituale vedere solo campioni del mondo russi, cominciarono a manifestarsi in loro alcuni notevoli cambiamenti di stile: si familiarizzarono con quanto andavano facendo i maestri stranieri; cominciarono a giocare un gioco più solido in difesa; mostrarono minore originalità, e non solo smisero di evitare le patte, ma sembravano quasi ricercarle nei tornei più importanti.
Il principale esponente del nuovo stile fu Petrosian, che tolse il titolo a Botvinnik nel 1963; dal 1960 al 1972, quando cioè apparve sulla scena Karpov, non riuscirono a produrre nuovi grandi maestri; dominatori restavano ancora i vecchi esperti – Keres, Smyslov, Petrosian, Spassky, ecc. Quanto a Petrosian, io l'ho sempre considerato il più debole tra i giocatori che hanno vinto il titolo mondiale; il suo potrebbe essere definito uno stile burocratico, e infatti egli tende a vincere più con la perseveranza che con l'immaginazione. Inoltre, i risultati dei suoi tornei, anche quando deteneva il titolo, non furono affatto rilevanti.
Anche a proposito del nuovo stile, però, si può dire che per un maestro russo fosse un dovere conformarvisi: ora tutti cominciarono a giocare con cautela e circospezione e un'alta percentuale di patte fu all'ordine del giorno; si dice che in un torneo Spassky abbia offerto la patta a ciascun avversario. Il vecchio stile anteriore al 1950 sembrava frutto del clima socio-politico sovietico; costantemente sotto attacco, ognuno era nell'im-

possibilità di sentirsi a lungo al sicuro, la cautela quindi non serviva a niente: i campioni non duravano per molto tempo; quindi godi finché puoi. Il dottor Haimson ha notato sorprendenti analogie con la mentalità militare sovietica e con il carattere generale delle dottrine sovietiche. Una volta affermatasi come superpotenza, l'Unione Sovietica manifestò una forte tendenza a salvaguardare la posizione raggiunta; il mutamento dello stile scacchistico può anch'esso considerarsi un riflesso di questo cambiamento.
La supremazia sovietica nel mondo degli scacchi era tale che essi cominciarono a considerarsi dei superuomini del gioco; questo atteggiamento si rivelò in pieno in occasione del primo incontro organizzato nel 1970 tra l'Unione Sovietica e il resto del mondo. Alla loro vittoria per un solo punto di scarto contribuirono intrallazzi politici oltre che il comportamento alla scacchiera, come quando l'ungherese Portisch si lasciò sfuggire una vittoria scontata contro il suo avversario russo, dopo un'affrettata consultazione con l'ambasciatore ungherese. Con una simile mentalità, cominciò ad avere poca importanza se essi si battevano l'un l'altro; ciò che contava era la loro abilità a battere gli altri.
A quanto sembra, Spassky sta in mezzo tra il vecchio stile russo e quello nuovo: il suo gioco tradisce un'acuta ambivalenza, oscillando bruscamente tra attacco e difesa; sebbene sia un giocatore più originale di Petrosian, e sia capace di combinazioni più profonde, è più discontinuo di lui. Non sorprende quindi che sia meno disposto dei colleghi ad allinearsi, e questo gli ha fatto perdere il favore del regime.
Mentre l'Unione Sovietica continuava a domi-

nare la scena scacchistica mondiale fino alla vittoria di Fischer del 1972, già dall'inizio degli Anni Cinquanta la maggior parte dei nuovi nomi presentatisi in tornei importanti non erano più russi. Oltre a Fischer, vi erano gli iugoslavi Gligorić e Trifunović, il polacco-argentino Najdorf, che ha avuto una sorta di rinascita dopo la guerra, l'ungherese Portisch, il danese Larsen, l'islandese Olafsson e molti altri. Tuttavia, la squadra sovietica continuava a vincere tutti gli incontri olimpici soprattutto per la sua forza di base, che non ha l'eguale in nessun altro paese, mentre al vertice perfino campioni mondiali come Smyslov, Petrosian, Tal e Bronstein, spesso in testa o quasi nei tornei internazionali, in molte occasioni ottennero punteggi scarsi. All'inizio degli Anni Sessanta era evidente che la supremazia scacchistica sovietica non era diversa da quella russa anteriore alla seconda guerra mondiale: il gioco degli scacchi nel ventesimo secolo è stato dominato dai russi.
Tuttavia, al vertice, le cose erano diverse: i campioni mondiali, che risentivano chiaramente la pressione imposta su di loro dal regime, non riuscivano a mantenere a lungo il titolo. Dopo il ritiro di Botvinnik, continuarono a detenerlo, ma in larga misura per macchinazioni politiche oltre che per il loro genio scacchistico. Ho già accennato che a Keres non fu mai permesso di giocare un incontro per il titolo, che avrebbe potuto anche vincere.
Dopo Curaçao, Fischer aveva dimostrato di essere il più grande giocatore del mondo occidentale: un incontro con Botvinnik in quel periodo sarebbe stato quindi logico. Se Botvinnik avesse giocato con Fischer come giocò con Petrosian

l'anno successivo, avrebbe con ogni probabilità perso anche con lui. Perciò vi è della verità nell'affermazione di Fischer che egli sarebbe dovuto essere campione « molto tempo prima », benché potesse anche perdere con qualcuno degli altri maestri sovietici che lo avevano già battuto a Curaçao.

Spassky giunse a Reykjavik scortato da due grandi maestri e uno psicologo. Cosa ci stesse a fare lo psicologo non si è mai saputo; dobbiamo ricordare, tuttavia, che la psicologia sovietica opera a un livello completamente diverso da quella americana, che nel campo clinico, per lo meno, è dominata dalle dottrine psicoanalitiche. La psicologia sovietica è ancora largamente pavloviana, e accentua quindi problemi come la scelta cosciente e la volontà di agire che sono sottovalutati o ignorati dalla psicologia americana. Nella nostra terminologia, il ruolo dello psicologo di Spassky doveva essere principalmente quello di un esperto che potesse aiutarlo a fronteggiare le situazioni che sarebbero venute a crearsi nell'incontro con Fischer. Se questo era il compito, risulta chiaro che fallì completamente.

Al termine della diciassettesima partita i russi presentarono una protesta formale nella quale accusavano stranamente Fischer e gli americani di usare mezzi chimici ed elettronici per influenzare Spassky. Agli occhi del mondo occidentale questo non era, evidentemente, che un alibi grossolano, di fronte a quella che appariva ormai una sconfitta certa, o forse addirittura una scusa per tirare Spassky fuori dall'incontro all'ultimo momento; ma i cittadini sovietici dovevano prendere questa protesta con la massima serietà. Se il governo sovietico avesse dichiarato che, al ritorno in patria, Spassky doveva essere ritenuto responsabile delle sue azioni, ciò avrebbe potuto provocare ripercussioni dannose. L'effetto concreto dell'accusa sovietica deve essere stato di rendere Spassky ancor più nervoso di quanto non fosse già, mentre Fischer poteva scrollarsela di dosso ridendo come di uno scherzo di cattivo gusto. Questo però dimostra che la gerarchia sovietica considerava la sconfitta di Spassky come un duro colpo all'immagine con la quale si presentava al mondo, e che egli avrebbe potuto o no risponderne di persona. Secondo notizie recenti, si dice che Euwe abbia proposto di ritoccare i regolamenti della FIDE per rendere possibile una rivincita tra Spassky e Fischer, ma sembra che i sovietici non si siano mostrati entusiasti. Al torneo 'Fried Chicken' di San Antonio, tenutosi tre mesi dopo l'incontro, Spassky non poté partecipare; fu evidentemente una punizione per essere stato sconfitto.

Ad ogni modo, è indubbio che, se in Islanda si ebbe una vera e propria guerra di nervi, essa era dovuta più alle pressioni esercitate su Spassky dal proprio ruolo e dall'atteggiamento sovietico nei confronti degli scacchi e dei maestri che non alle bizzarrie infantili di Fischer. Bobby dimostrò di avere un'idea precisa della situazione quando una volta osservò che per i maestri sovietici giocare è « come un lavoro da impiegati. Non ci mettono il cuore ». Ciò che però egli non vide è che non ci mettono il cuore per le pressioni sfibranti alle quali vengono sottoposti.

APPENDICE

DUE LETTERE DI ERNEST JONES

25 gennaio 1955

Caro Signor Fine,

mi sento onorato, e grato, per la cortesia che mi ha usato nel farmi leggere il suo saggio, che ho molto apprezzato. È senza dubbio un importante ampliamento del mio.

Concordo con tutte le sue interpretazioni psicanalitiche e ho solo poche osservazioni da aggiungere. Penso tuttora che ci sia un mistero attorno alla sostituzione del Gran Visir con la Regina; lei sembra giudicare fondamentale quest'ultima. Dietro tutto questo c'è forse una questione di figura materna e di pene paterno.

A pagina 62 vi è un *lapsus* interessante, che io interpreto come indicativo di una sua predilezione per Capablanca su Alechin — del resto abbastanza comprensibile dal punto di vista personale. Ho fatto poche altre annotazioni con la matita.

Penso che lei non abbia dato il giusto peso al rapporto Morphy-Staunton; ci sono numerose prove che egli si sia fissato su quest'ultimo piuttosto che su Anderssen. Dietro questo si nascondeva senza dubbio un primitivo transfert paterno negativo. Ricorda il suo primo commento sulle « partite maledettamente brutte » di Staunton, quasi avesse bisogno di fargli abbassare la cresta?

Apprezzabili mi sembrano le sue osservazioni sul curioso comportamento che spesso si nota in un

giocatore piuttosto veloce (come ad esempio Capa) che quasi subito sceglie la mossa migliore e poi, dubitando di sé, si abbandona a fantasticherie e sogni finché, premuto dal tempo, fa una mossa affrettata e inferiore alla precedente. Questo dimostra quanto sia importante la sicurezza di sé, che Capa, peraltro, sembrava possedere.
Il mio interesse per gli scacchi ha seguito un andamento curioso. Mio padre mi insegnò le mosse quando avevo dieci anni — la solita storia — avvertendomi di diffidare di quelli che si portano sempre appresso gli scacchi tascabili. Dopo, la mia vita è stata talmente oberata di lavoro che potrei contare sulle dita le partite che ho giocato finché, dopo essere stato costretto a cambiare il mio domicilio di Londra a causa dei bombardamenti, venni a vivere nel mio cottage dove, con meno pazienti, ho avuto più tempo a disposizione. All'età di 63 anni ho, così, scoperto cosa significa il gioco degli scacchi ad alto livello. Ho studiato quasi tutte le partite di una dozzina o più di campioni nonché quelle pubblicate nel quindicinale « Chess »; gioco anche una mezza dozzina di partite per corrispondenza. Con comuni dilettanti me la cavo abbastanza bene al tavolino, ed essi mi hanno addirittura eletto Presidente del circolo scacchistico di Chichester, sebbene non possa recarmici spesso. Ho con me i suoi difficili libri sulle Aperture e sui Finali, ma non ho più una memoria abbastanza agguerrita da sfruttarli nel migliore dei modi; ho anche molto apprezzato il suo *World's Great Games*, che è molto illuminante. Sto ora ruminando sulle *Thousand Best Short Games* di Chernev, che è supremamente ingannevole quando vuol dare

l'illusione che non ci sia niente di più facile che dare scacco all'avversario in 15 o 20 mosse! Colby di San Francisco era qui qualche tempo fa e ha giocato con me un paio di partite, ma inverse, di Chernev.

La saluto e la ringrazio

cordialmente suo
Ernest Jones

Caro Reuben Fine,

la ringrazio molto per avermi inviato la brossura sul gioco degli scacchi, che da quando la vidi in embrione, si è notevolmente ampliata. Sarà un classico.
È stato per me un grande piacere conoscerla personalmente a New York. Lei ha più probabilità di me di attraversare l'Atlantico di nuovo; se ciò dovesse avvenire, spero di rivederla nella nostra casa di campagna.

Cordiali saluti

Ernest Jones

BIBLIOGRAFIA

1. Bachmann, L., *Schachmeister Steinitz*, 4 voll., C. Brugel & Sohn, Ansbach, 1910-1921.
2. Baumgarten, F., *Wunderkinder*, « Psychologische Untersuchungen », 8, 1930, p. 184.
3. Botvinnik, M., *The Soviet School of Chess*, « The Chess Review », 13, 1945, pp. 7-10.
4. Bousfield, W. A. and H. Barry, *The Visual Imagery of a Lightning Calculator*, « American Journal of Psychology », 45, 1933, pp. 353-358.
5. Buttenwieser, P., *The Relation of Age and Skill in Expert Chess Players*, Disser., Stanford University. Estratto in « Psychological Bulletin », 32, 1935, p. 529.
6. Bychowski, G., *The Structure of Homosexual Acting Out*, « Psychoanalytic Quarterly », 23, 1954, pp. 48-61.
7. Capablanca, J. R., *My Chess Career*, Macmillan Co., New York, 1920; rist. Dover Publications, New York, 1966.
8. Coriat, I. H., *The Unconscious Motives of Interest in Chess*, « Psychoanalytic Review », 28, 1941, pp. 30-36.
9. Davis, P. C., *A Factor Analysis of the Wechsler-Bellevue Intelligence Scale, Form I, in a matrix with reference variables*. Estratto in « American Psychologist », 1, 1952, pp. 296-297.
10. De Groot, A., *Het Denken van den Schaker*, Noord-Hollandsche Uitgevers Maatschappij, Amsterdam, 1946.

11. Djakow, Petrowski and Rudik, *Psychologie des Schachspiels*, Walter de Gruyter & Co., Berlin und Leipzig, 1927.

12. *Encyclopaedia Britannica*: Vol. 5, 1953, voce *Chess.*

13. – Vol. 21, 1953, voce *Howard Staunton.*

14. Federn, P., *Ego Psychology and the Psychoses*, Basic Books, New York, 1952.

15. Fine, R., *The World's Great Games of Chess*, Crown Publishers, New York, 1951.

16. – and Reinfeld, F., *Dr. Lasker's Chess Career.* The Black Knight Press, New York, 1935; rist. Dover Publications, New York, 1966, col titolo *Lasker's Greatest Chess Games.*

17. Fleming, J. and Strong, S. M., *Observations on the Use of Chess in the Therapy of an Adolescent Boy*, « Psychoanalytic Review », 30, 1943, pp. 399-416.

18. Gurvitz, M., comunicazione personale.

19. Hadamard, J., *The Psychology of Invention in the Mathematical Field*, Princeton University Press, Princeton, 1945; rist. Dover Publications, New York, 1954.

20. Harley, E., *The Harleyan Miscellany*, R. Dutton, London, 1808-1811.

21. Hartmann, H., « Ego Psychology and the Problem of Adaptation », in Rapaport, D., *Organization and Pathology of Thought*, Columbia University Press, New York, 1951.

22. – Kris, E. and Loewenstein, R., « Comments on the Formation of Psychic Structure », in *The Psychoanalytic Study of the Child.* International Universities Press, New York, 1946. Vol. II, 1946, pp. 11-38.

23. Jones, E., « The Problem of Paul Morphy: A Contribution to the Psychology of Chess », in *Essays in Applied Psychoanalysis,* The Hogarth Press and the Institute of Psychoanalysis, London, 1951, vol. I, cap. XII, pp. 135-164; trad. it. *Saggi di psicoanalisi applicata, I: estetica, sociologia, politica,* a cura di Fabio Zambonelli, Gualdi, Bologna, 1971, pp. 49-76.

24. Karpman, B., *The Psychology of Chess,* « Psychoanalytic Review », 24, 1937, pp. 54-69.

25. Kris, E. L., *Psychoanalytic Explorations in Art,* International Universities Press, New York, 1952.

26. Lasker, E., *Brettspiele aller Voelker,* August Scherl, Berlin, 1930.

27. – *Das Begreifen der Welt,* Verlag Hans Joseph, Berlin, 1913.

28. – *Common Sense in Chess,* W.H. Lyons, Newport, Ky., 1909; rist. Dover Publications, New York, 1965.

29. – *Kampf,* Lasker's Publishing Co., New York, 1907.

30. – *The Community of the Future,* M. J. Bernin, New York, 1940.

31. Menninger, C. F., Knight, R. P. e altri, *Recreation and Morale: A Subjective Symposium,* « Bulletin of the Menninger Clinic », 16, 1942, pp. 65-102.

32. Reti, R., *Masters of the Chessboard,* McGraw-Hill, New York, 1932.

33. Roe, A., « A Psychological Study of Eminent Biologists », *Psychological Monographs: General and Applied,* vol. 65, No. 14. Whole No. 331, 1951.

34. Rorschach, H., *Psychodiagnostik*, Verlag Hans Huber, Bern und Berlin, 1932.

35. Sachs, H., *The Creative Unconscious*, Sci-Art Publishers, Cambridge, Massachusetts, 1942.

36. Sergeant, P. W., *Championship Chess*, David McKay Co., Philadelphia, 1937; rist. Dover Publications, New York, 1963.

37. Staunton, H., *The Chess Player's Handbook*, Porter and Coates, Philadelphia, 1870.

38. Steinitz, W., *The Modern Chess Instructor*, G. P. Putman's Sons, New York, 1889.

39. Zweig, S., *The Royal Game*, Viking Press, New York, 1944; trad. it. *La novella degli scacchi*, Sperling e Kupfer, Milano, 1945.

PICCOLA BIBLIOTECA ADELPHI

ULTIMI VOLUMI PUBBLICATI:

770. Roberto Calasso, *Ciò che si trova solo in Baudelaire*
771. Ettore Sottsass, *Di chi sono le case vuote?*
772. Leonardo Sciascia, *Fuoco all'anima*
773. Georges Simenon, *A margine dei meridiani*
774. Antonio Damasio, *Sentire e conoscere*
775. Jorge Luis Borges, *Storia della notte*
776. Milan Kundera, *Un Occidente prigioniero*
777. Roberto Calasso, *Sotto gli occhi dell'Agnello*
778. Pëtr Andreevič Viazemskij, *Briciole della vita*
779. V.S. Pritchett, *Il santo*
780. Ibn Jubayr, *Viaggio in Sicilia*
781. E.M. Cioran, *Finestra sul Nulla*
782. Fëdor Dostoevskij, *Il coccodrillo*
783. Wisława Szymborska, *Canzone nera*
784. Benedetto Croce, *Soliloquio*
785. Sacha Guitry, *Memorie di un baro*
786. Georges Simenon, *Dietro le quinte della polizia*
787. Ernst Jünger - Carl Schmitt, *Il nodo di Gordio*
788. Herbert Clyde Lewis, *Gentiluomo in mare*
789. Carlo Rovelli, *Buchi bianchi*
790. Roberto Calasso, *L'animale della foresta*
791. Yasmina Reza, *Conversazioni dopo un funerale*
792. Anna Maria Ortese, *Vera gioia è vestita di dolore*
793. Julien Green, *Parigi*
794. Paolo Zellini, *Il Teorema di Pitagora*
795. Shirley Jackson, *La strega*
796. Auguste Blanqui, *L'eternità viene dagli astri*
797. Georges Simenon, *L'America in automobile*
798. Robert M. Pirsig, *Sulla Qualità*
799. Andrea Moro, *Parlo dunque sono*
800. Nikolaj Gogol', *Memorie di un pazzo*
801. Yasmina Reza, *James Brown si metteva i bigodini*
802. David Ritz Finkelstein, *Manifesto della Melanconia*
803. Milan Kundera, *Praga, poesia che scompare*
804. Jorge Luis Borges, *Sette sere*
805. Fukazawa Shichirō, *Le ballate di Narayama*
806. William Shakespeare, *Giulio Cesare*

807. Emmanuel Carrère, *Ucronia*
808. Gershom Scholem, *Cabbalisti cristiani*
809. Benedetto Croce, *Indagini su Hegel*
810. Evelyn Waugh, *Un turista in Africa*
811. Walter F. Otto, *Dioniso*
812. Georges Simenon, *Una Francia sconosciuta*
813. René Daumal, *Il rovescio della testa*
814. Jamaica Kincaid, *Passeggiata sull'Himalaya*
815. Wisława Szymborska, *Racconto antico*
816. Giorgio Vallortigara, *A spasso con il cane Luna*
817. Fred Bodsworth, *L'ultimo dei chiurli*
818. Colette, *La gatta*
819. H.P. Lovecraft, *Potrebbe anche non esserci più un mondo*
820. Ingeborg Bachmann, *A occhi aperti*
821. Ennio Flaiano, *Chiuso per noia*
822. E.M. Cioran, *Esercizi negativi*
823. Carlo Rovelli, *Sull'eguaglianza di tutte le cose*
824. Fleur Jaeggy, *Il dito in bocca*
825. Georges Simenon, *L'Africa che dicono misteriosa*
826. Emanuel Schikaneder, *Il flauto magico*

Stampato dal Consorzio Artigiano «L.V.G.» - Azzate